Chomsky & Mujica

Saúl Alvídrez Ruiz. Activista y documentalista mexicano nacido en 1988. Inspirado en Julian Assange, en el año 2012 fue el fundador del movimiento estudiantil #YoSoy132, también conocido como la Primavera Mexicana. Su activismo lo llevó a refugiarse por varios años en el sur latinoamericano, donde inició la filmación de su primer documental, *Chomsky & Mujica*, protagonizado por el intelectual estadounidense Noam Chomsky y el expresidente uruguayo José «Pepe» Mujica, y que contó con la colaboración especial del músico inglés Roger Waters (cofundador de la banda Pink Floyd) como narrador. Convencido de que las generaciones *millennial* y *centennial* han heredado una civilización ecológica, económica, política y socialmente insostenible, Alvídrez afirma que su misión es intentar amplificar la conversación pública entre los jóvenes y enfocarla a la solución de problemas globales.

SAÚL ALVÍDREZ

Chomsky & Mujica

Sobreviviendo al siglo XXI

DEBOLS!LLO

Papel certificado por el Forest Stewardship Council®

MIXTO
Papel | Apoyando la silvicultura responsable
FSC® C117695

Penguin Random House Grupo Editorial

Primera edición en Debolsillo: febrero 2026

Printed in Spain – Impreso en España

ISBN: 978-84-663-8250-2
Depósito legal: B-19.783-2025

Impreso en Novoprint
Sant Andreu de la Barca (Barcelona)

P 3 8 2 5 0 2

Índice

1.
El Águila y el Cóndor:
Descubriendo a Chomsky y Mujica

Deambulaba por las calles de La Paz, en Bolivia, acosado por una pregunta: *¿Qué carajos hago aquí?* No me inquietaba el lugar en donde estaba; podría haber sido cualquier otro sitio. En realidad, cuestionaba el sentido de mi vida y las decisiones que me habían llevado tan lejos de casa.

Caminé sin rumbo durante horas, hasta llegar a una calle muy especial. Sorprendido, comencé a ver todo tipo de artesanías y textiles hermosos, pero lo que más llamó mi atención fue ver colgados y en venta decenas de fetos de llama (un mamífero andino similar al camello y que hasta llegar a ese país yo nunca había visto). Me dijeron que me encontraba en el mercado de *la calle de las brujas* y, aunque no soy muy esotérico, me sugestionó la atmósfera de aquel místico lugar.

Llevaba ya algunos meses viviendo en Bolivia, pero ese día me dediqué a merodear como turista buscando algún regalo para mi hermana, a quien no sabía cuándo volvería a ver. Este mercado se extendía a lo largo de una calle angosta y llena de gente, y tras caminar varias cuadras noté que una señora mayor me observaba fijamente a las puertas de su local. Me sentí algo incómodo por la intensidad de aquella mirada, dirigida desde lejos y atravesando una vasta multitud, pero al pasar junto a ella decidí ingresar al local y preguntarle por algunos artículos que vendía, incluidos los fetos de llama. Me explicó que aquellas crías que no habían superado el parto eran disecadas y utilizadas como ofrenda en un ritual de origen prehispánico llamado *challa*. La palabra *ch' allar* significa 'rociar' o 'regar' en lengua aimara y representa gratitud con la Pachamama, es decir, con la Madre Tierra.

Le pregunté después por otros artículos interesantes, pero ya no me prestó mucha atención. Su semblante era serio y no parecía estar interesada en que yo le comprara algo. Se limitó a observarme, pero me sugirió que viera todo hasta encontrar lo que más me gustara.

Recorrí el local y me detuve en una pieza de madera bellamente tallada; representaba un águila y un cóndor volando juntos. Fue entonces que ella se puso a mi lado. Era el año 2014 y esa pieza de madera me hizo pensar inmediatamente en dos personajes que habían acaparado mi admiración por aquella época: el intelectual estadounidense Noam Chomsky y el político uruguayo José *Pepe* Mujica. Fascinado por sus planteamientos políticos y filosofía de vida, así como por la radical congruencia que emana de sus biografías, había estado estudiándolos en profundidad y con la misma inquietud que involuntariamente me llevó hasta aquel mercado: no lograba encontrarle sentido a mi vida y me sentía profundamente solo.

Le pregunté a la señora por aquella pieza, no tanto por el precio sino por su significado, y ella me dijo que se trataba de algo muy especial: la profecía del Águila y el Cóndor. Movido por la curiosidad, le pedí que me contara de qué se trataba y, aunque no podría citar sus palabras exactas, la respuesta fue esta:

> Cuentan los sabios del norte y el sur de América, chamanes y ancianos venerables, que al principio de los tiempos la humanidad vivía unida y en armonía con su entorno, pero llegó el día en que este grupo se dividió en dos: el Pueblo del Águila y el Pueblo del Cóndor. La

gente del Águila, orientada principalmente a lo racional y la energía masculina, sería seducida por el intelecto y el mundo material, con lo que alcanzaría formidables proezas técnicas que permitirían a sus líderes acumular un inmenso poder. Mientras tanto, más sensible y más en sintonía con la energía femenina, la gente del Cóndor se apegaría a sus sentidos, al espíritu y a su relación con el mundo natural, lo cual implicaría una franca desventaja frente a la gente del Águila, que dominaría el mundo. Sin embargo, este desbalance amenazaría finalmente la existencia de ambos pueblos. Y, tras muchos siglos de espera, ha llegado el momento en que el Águila y el Cóndor vuelen juntos de nuevo. De ese vuelo nacerá otra humanidad, una capaz de sobrevivir el nuevo ciclo: la humanidad del Quetzal.

En aquel entonces, solía referirme a Noam Chomsky y a Pepe Mujica como *el sabio del norte y el sabio del sur* —años más tarde Chomsky señalaría que aquello era falso y muy presuntuoso, y me pidió amablemente que no lo llamara así—. Dado que el águila es un símbolo muy representativo del norte americano mientras que el cóndor lo es del sur, al ver esa pieza de madera automáticamente la asocié con ellos, y creo que la idea de verlos reunidos también nació en ese momento. No obstante, tras escuchar la profecía entendí que el águila representaba la civilización moderna occidental, el mundo globalizado y una cosmovisión antropocéntrica de la realidad, mientras que el cóndor representa la cultura y la cosmovisión biocentrista de las civilizaciones indígenas, originarias y ancestrales de todo el mundo. Y, aunque sí encontré un regalo para mi hermana aquel día, me arrepiento de no haber comprado esa pieza de madera. Aun así, la profecía del Águila y el Cóndor se quedaría conmigo para siempre.

Durante aquella temporada en Bolivia me hospedé en casa de una amiga periodista, y tras salir del mercado caminé un par de horas en esa dirección. Dejando atrás la melancolía, aquel resultó un recorrido catártico; comencé a ver cómo cada una de las coincidencias que había ido descubriendo antes entre Noam Chomsky y Pepe Mujica (las cuales eran ya un hallazgo) se enlazaban perfectamente con la profecía que acababa de escuchar, como si fueran dos formas distintas de entender que la humanidad ha llegado a un punto de inflexión alarmante. Pude advertir que ya no caminaba preguntándome *¿Qué carajos hago aquí?* Ahora mi intriga se centraba más que nada en el significado del Quetzal y, por alguna razón, sentía que detrás de esa interrogante encontraría el camino y la paz que había perdido durante la primavera del año 2012.

Mi nombre es Saúl Alvídrez Ruiz y nací en 1988 en el estado de Chihuahua. Soy por lo tanto un *millennial* mexicano nacido en la tierra de Pancho Villa, frontera norte de Latinoamérica. Crecí en una familia de clase media trabajadora y desde muy joven me apasioné por la música y más aún por la política. Si bien todo cambiaría más adelante, desde adolescente me asumía como un roquero de izquierda y albergaba el grandilocuente anhelo de ser presidente de México. Mi educación durante la niñez y la adolescencia fue impartida por una institución católica, y eso me marcó muchísimo. A los 12 años y sin consultar a mis padres, fui el único alumno de mi generación que rechazó el rito de *confirmación en la fe* organizado por las autoridades escolares. Sobraron debates con sacerdotes y profesores, pero nunca encontré justificación en la autoridad de la Iglesia y su monopolio de lo divino.

Como adolescente, participé en campeonatos nacionales de básquetbol y atletismo representando al estado de Chihuahua, lo cual me permitió adquirir una beca universitaria del sesenta por ciento como deportista en el Tecnológico de Monterrey (ITESM) Campus Chihuahua. Sin embargo, poco después de ingresar a la universidad, tras meses de hospitales y dolor, mi madre falleció; yo acababa de cumplir 19 años. Adquirí entonces una beca del cien por ciento por orfandad y me mudé a la Ciudad de México, con la determinación de concluir mis estudios universitarios e iniciar una carrera política en la capital del país; la banda de rock progresivo que tenía quedó atrás, aunque aún canto en la regadera.

Como estudiante de Derecho y Economía (ITESM Campus Santa Fe) en la Ciudad de México fui presidente de la Sociedad de Alumnos y me convertí en un profundo admirador del fundador de Wikileaks, Julian Assange; una admiración que en ese momento solo se equiparaba con mi admiración por la banda de rock inglesa Pink Floyd. Para entonces sabía poco de Noam Chomsky o de Pepe Mujica, pero, como mencioné, ya me consideraba un hombre «de izquierda». No fue sino hasta 2012, durante el último semestre de la licenciatura, que descubrí que yo ni era un hombre todavía, ni era de izquierda tampoco; en realidad, solo conocía el privilegio y era un *grillo* más. Y es que en México les decimos *grillos* a aquellas personas a quienes (consciente o inconscientemente) les atrae el poder político solo por vanidad e interés personal, esos individuos que no tienen otra causa que ellos mismos y se ven fácilmente seducidos por la idea de servirse y no por la de servir.

A finales de abril de aquel 2012, mientras cursaba mi último semestre universitario, falleció mi padre. Yo acababa de cumplir 24 años y eso me rompió el alma, igual que la muerte de mi madre; sin embargo, ninguno de esos episodios sería tan complejo como lo que comenzó dos semanas después. El 11 de mayo, en plenas campañas presidenciales, el candidato Enrique Peña Nieto acudió a dar una conferencia a la Universidad Iberoamericana (Ibero) de la Ciudad de México, la cual, al igual que el Tecnológico de Monterrey, es una de las universidades privadas y de corte neoliberal más costosas del país. En ese contexto, sucedió algo completamente inesperado. Peña Nieto, que era el candidato favorito de la derecha mexicana y abanderado del Partido Revolucionario Institucional (PRI), se vio sorpresivamente acorralado por una protesta estudiantil que reclamaba a gritos por los hechos de corrupción y represión registrados durante su gestión como gobernador del estado de México. El reclamo fue tan enérgico que, al intentar salir de dicha universidad, se vio obligado a esconderse dentro de uno de los baños del recinto mientras su equipo de seguridad contenía a los estudiantes. Incluso le aventaron un zapato, como le sucedió a George Bush en 2008, en medio de la guerra en Irak.

Ante esto, el coordinador de campaña de Peña Nieto declaró ese mismo día a los medios de comunicación que quienes habían protestado en la Ibero no eran estudiantes universitarios, sino que habrían sido «porros y acarreados», es decir, provocadores infiltrados. Tras semejante mentira, 131 estudiantes que participaron en la protesta realizaron un video mostrando su credencial universitaria y diciendo «no soy porro ni acarreado, soy alumno de la Ibero». En pocas horas ese video se hizo tan viral como aquellos de Peña Nieto encerrado en el baño y con cara de susto.

Al día siguiente, en un grotesco despliegue de manipulación organizada, la abrumadora mayoría de los medios de comunicación locales y nacionales publicaron el mismo titular: «Éxito de Peña Nieto a pesar de intento de boicot». Yo no estuve en aquella protesta en la Ibero —era alumno del Tecnológico de Monterrey—, pero desde un grupo que abrí en Facebook con el nombre Yo Soy 132 (y que en dos días acumuló noventa mil miembros) me comuniqué con algunos de los estudiantes de la Ibero y les propuse una reunión, a la cual también invité a dos alumnos de la Universidad Anáhuac y a otros dos de la universidad ITAM, universidades privadas que en su conjunto representan las cuatro instituciones educativas más «exclusivas» del país.

La reunión fue el 15 de mayo en la Ibero y asistimos aproximadamente treinta estudiantes. Ahí, inspirado en ideas de Julian Assange y tras meditarlo toda la noche anterior, propuse que organizáramos un movimiento estudiantil con el nombre de Yo Soy 132 (en solidaridad con los 131 alumnos del video), que tendría como objetivos la democratización de los medios de información y el rechazo al candidato Enrique Peña Nieto —un político que, aparte de ser acusado de corrupto y represor, era ampliamente reconocido como un producto publicitario construido por la corporación mediática más poderosa de México: Televisa—. Propuse también que el 18 de mayo marcháramos junto con universidades públicas hacia las instalaciones de Televisa para protestar por su intromisión en el proceso electoral, y que frente a sus cámaras y reporteros convocáramos al resto del país a manifestarse el 23 de mayo en las principales plazas públicas. Hubo consenso, ejecutamos el plan y, gracias al sorprendente poder de movilización que tuvo este movimiento durante todo el proceso electoral, el Yo Soy 132 (también conocido como *la Primavera Mexicana* y *Occupy México*) se transformó rápidamente en el mayor movimiento estudiantil del siglo XXI en mi país y en la mayor amenaza para el proyecto presidencial de la oligarquía mexicana de aquel entonces.

Tras las turbias elecciones del 1 de julio del 2012, unos meses después Peña Nieto tomó posesión de la Presidencia de México y su gestión resultó en el desastre histórico que habíamos advertido. Sin embargo, cabe destacar que la credibilidad de los medios de información cayó estrepitosamente entre el electorado mexicano, un fenómeno que persiste hasta nuestros días y que sin duda ha permitido mayor dinamismo en la democracia del país.

En lo personal, aquella experiencia me transformó; yo ya no era un *grillo*. Y, más allá de lo mucho que aprendí de las compañeras y compañeros del movimiento estudiantil (sobre todo de aquellos de universidades públicas, por ser los más experimentados políticamente), me marcó de manera directa un ataque al movimiento que se instrumentó acusándome a mí de trabajar para el entonces candidato de la izquierda, Andrés Manuel López Obrador. Esta era una acusación completamente falsa que provenía de un supuesto miembro del Yo Soy 132, pero aquella mentira fue el último gran escándalo mediático antes de las votaciones del 1 de julio, y vaya que fue un escándalo. Enseguida salieron a relucir los nexos con el PRI y los antecedentes penales de aquel personaje que me calumniaba con un incontenible apoyo mediático, pero no fue sino hasta un año después que se supo en dónde trabajaba aquel infiltrado: era un agente del Centro de Inteligencia y Seguridad Nacional (CISEN) del Gobierno mexicano. Como mencioné, yo había vivido ya momentos muy dolorosos en el ámbito familiar, pero nunca algo tan complicado como aquella farsa. Fueron los peores días de mi vida, y los pasé solo en medio de todo tipo de amenazas.

Tras el triunfo de Peña Nieto en las elecciones y temiendo que el movimiento se desvaneciera, intenté promover que Yo Soy 132 se transformara en una federación nacional estudiantil y tuviera así continuidad más allá del proceso electoral que le había dado vida, pero para entonces mi participación política en el movimiento había sido totalmente neutralizada. Cabe mencionar que el movimiento estudiantil tenía una estructura muy horizontal y descentralizada a lo largo de todo el país, y como miembro de un amplio grupo de fundadores yo solo compartía la facultad de proponer ideas, pero nunca de imponerlas.

Aquel escándalo mediático golpeó fuertemente al Yo Soy 132 y provocó que mucha gente dejara de creer en mí; en la izquierda algunos concluyeron incluso que trabajaba para Peña Nieto, es decir, que el infiltrado había sido yo. Muchos miembros del movimiento se alejaron —algunos por pragmatismo político y otros dando crédito a aquellas mentiras de traición—, mientras que toda mi familia más cercana y la mayoría de mis amistades tomaron súbitamente una actitud de áspera desaprobación tras aquel escándalo en el que, por lo menos, me decían con singular autoridad que había sido un ingenuo (entre muchos otros calificativos que escuché).

La frustración y la impotencia eran enormes; di lo mejor de mí desde el principio y quería seguir participando por amor a lo que estábamos haciendo, pero cuando empecé a impulsar en algunos círculos la idea de la federación nacional estudiantil comencé a recibir amenazas de muerte mucho más serias que aquellas que se habían vuelto ya cotidianas; incluso me persiguieron unos tipos un par de veces en calles de la Ciudad de México, pero no me alcanzaron. En ese contexto decidí irme del país; me exilié tan al sur y a la izquierda como pude.

Abandoné aquel anhelo adolescente de ser presidente; sentí que el camino de partidos políticos y burocracia (*la grilla*) no era para mí y comencé a tener dudas muy concretas sobre algunas ideas y actitudes de la izquierda que había conocido en México. Nunca olvidaré la frase de un prominente y mediático miembro de la izquierda mexicana —a quien consideraba mi amigo— cuando le dije que no entendía por qué ahora mucha gente me ignoraba y decía que yo era un *apestado político*. Él sabía bien que yo era víctima de una farsa, pero respondió: «En la guerra, Saúl, cuando un soldado cae, el pelotón debe seguir avanzando». Eso dejó todo muy claro.

Me encontraba seriamente deprimido, incluso paranoico y francamente asustado ante la avalancha mediática y las campañas de odio en redes: mi nombre fue *trending topic* mundial en Twitter durante días, seguido del *hashtag* #ySiMatamosaSaul, mientras que las amenazas de ir a romper las ventanas de mi casa no cesaban (pues los medios de información se encargaron de dar a conocer mi dirección). Sin embargo, lo que me marcó durante muchos años y me hizo un enorme daño por dentro fue sentirme profundamente traicionado por mi círculo más cercano. No lograba entender en ese momento por qué me había tocado vivir aquello. Me fui a Sudamérica pensando que debía hacer algo grande para limpiar mi nombre y así poder participar de nuevo en la política mexicana; ahora quería participar de una manera distinta, pero aún no sabía cómo. Dominado por mi ego, creía que hasta que limpiara mi nombre no debía regresar al país, pero afortunadamente fui madurando todo eso poco a poco, aunque nunca volví a ser el mismo. Me costó años en el sur entender que no tenía que reivindicar nada y que, si entre todos los miembros del movimiento aquello me había sucedido solo a mí, era porque yo tenía más cosas que aprender en ese momento. No sé qué tan cierto sería eso último, pero con todas mis fuerzas intenté convencerme de que detrás de esa experiencia habría algo especial esperándome. El problema era que no tenía idea de qué sería o en qué dirección se encontraba, hasta que escuché aquella profecía en *la calle de las brujas*.

Inicialmente, yo había viajado de México a Bolivia con dos objetivos. Uno de ellos era promover un proyecto tecnológico en colaboración con el Centro Nacional de Supercómputo de México (IPICYT) para llevar internet de alta calidad y bajo costo a zonas marginadas del país andino. Mi segundo objetivo era formar un equipo de desarrolladores de *software* para construir el primer *sistema de comunicación articulativa*, un proyecto informático que diseñé inspirado también en Julian Assange. Desafortunadamente no conseguí ninguno de estos objetivos, pero en ese mágico país descubrí la profecía del Águila y el Cóndor y eso fue más que suficiente para saber qué seguía: mi misión sería promover entre *millennials* y *centennials* del mundo la idea de que nosotros somos la naciente humanidad del Quetzal y que en nuestras manos está padecer el inminente colapso civilizatorio o construir una humanidad nueva que desafiará los límites de nuestra imaginación.

Después de Bolivia fui a Argentina y a Colombia, pero permanecí por periodos más cortos, aunque con los mismos objetivos y el mismo nivel de éxito. Luego me fui a vivir a Ecuador durante dos años, tras ganar un concurso nacional de emprendimiento con aquel proyecto informático, pero antes regresaría a México por Zeus, mi perro, que se había quedado en casa de mi exnovia cuando me fui a Bolivia. En Ecuador experimenté temporadas de soledad extrema viviendo a las orillas de un pequeño y bello pueblo llamado Urcuquí, y, aunque hice cuatro amistades de un valor incalculable, llegué a pasar semanas enteras rodeado por la nada y sin hablar con otro ser humano, sometiéndome inconscientemente a un severo aislamiento al que de no ser por Zeus no habría sido capaz de sobrevivir. Fueron momentos que sin duda me cambiaron por dentro y me ayudaron a desaprender muchas cosas. En Ecuador, con la misión del Quetzal como único horizonte y razón de vida, me concentré obsesivamente en investigar y analizar las aristas del dilema que enfrentará mi generación en las próximas décadas.

Estudié como nunca, en particular las amenazas de cambio climático, de guerra nuclear y de disrupción tecnológica. Me concentré en temas como comunicación, economía, historia, *software*, biología sintética, sociología, inteligencia artificial, impresión 3D, geopolítica, tecnología *blockchain*; en fin, todo aquello que me permitiera comprender mejor el escenario de inminente colapso civilizatorio que tenemos enfrente.

Durante ese proceso, mi estudio e interés por Noam Chomsky y Pepe Mujica creció aún más. Sus ideas estoicas y anarquistas tendieron profundas raíces en mi corazón y revelaron en mi mente la esencia del Quetzal. Gracias a ellos fui descubriendo un camino intelectual y filosófico más amplio y luminoso, algo que no conocía y que me volvió a dar la seguridad que tenía cuando nació el Yo Soy 132; me refiero a esa seguridad que brota del interior cuando sientes que tus sueños y pasiones se alinean con el momento, el lugar y el trabajo que estás haciendo. Es una fortaleza difícil de explicar, pero se acompaña de la sensación de que nada es casualidad y que estás cumpliendo tu destino.

Fue así que la visión del mundo de Chomsky y de Mujica me llevó a estudiar de nuevo la Grecia clásica y a conocer una izquierda que no conocía, específicamente a los más brillantes críticos de Karl Marx, como lo son Mijaíl Bakunin, Pierre-Joseph Proudhon, Emma Goldman y Piotr Kropotkin; ahí conocí la izquierda de la izquierda. De ahí migré a personajes brillantes como Rudolf Rocker, a muchas historias fascinantes como la de Buenaventura Durruti o la de Ricardo Flores Magón, estudié movimientos genuinamente libertarios, como el del Ejército Zapatista de Liberación Nacional (EZLN) y Cherán, después me adentré en la filosofía indígena y decolonial, y finalmente comencé a explorar mi propio temperamento, que siempre fue anarquista y yo no lo sabía.

Ahora estaba convencido de que nuestra civilización es ecológica, económica, política y socialmente insostenible, y que la doctrina de aquellos libertarios de izquierda era la única salida. Cuando comprendí esto decidí que debía hablar con el profesor Chomsky y con Pepe Mujica, que debía reunirlos y hacer un documental con ellos, pues esa sería la mejor manera de acercar sus ideas a los jóvenes de hoy. De alguna manera estaba convencido de que, si el largo recorrido de Chomsky y Mujica había logrado ese despertar en mí, probablemente podrían hacer lo mismo con muchos jóvenes más, y eso, junto con el proyecto informático inspirado en Assange, significaba en mi cabeza despertar al Quetzal. Mi vida comenzaba a tener sentido de nuevo, un horizonte, una misión, una razón que me llenara el corazón para estar vivo y seguir avanzando. Por más aislado que estaba, ya no me sentía tan solo.

A principios de 2016 comencé a buscar la forma de comunicarme con Noam Chomsky y con Pepe Mujica. Fui a embajadas, toqué mil puertas e hice todo lo que se me ocurrió, pero estuve meses sin encontrar ningún correo electrónico o vía de comunicación efectiva para hablar con Mujica. Con Chomsky fue muy distinto. Busqué en el directorio del Massachusetts Institute of Technology (MIT) su correo electrónico y ahí estaba, entonces le escribí contándole del Yo Soy 132 y diciéndole que quería hablar con él. Para mi sorpresa, Chomsky contestó al siguiente día y, tras una serie de intercambios por correo electrónico, el 4 de octubre del 2016 viajé a verlo a Boston, Estados Unidos.

Nos vimos en su oficina del MIT, institución donde él llevaba décadas dando clases. Confieso que la situación me intimidaba un poco, pero me atreví a contarle acerca del concepto de *comunicación articulativa* que había estado trabajando. Este plantea la toma colectiva de los medios de comunicación a través del desarrollo de plataformas digitales autónomas que permitan a los ciudadanos informarse, decidir y actuar colectivamente, dando inicio así a la *inteligencia colectiva* como una rama de estudio y desarrollo tecnológico con fines específicamente democráticos. Fue una charla muy interesante, por lo menos para mí, y me sorprendió la humildad con la que se concentró en entender las ideas que intentaba compartirle. En ese momento mi inglés no era tan bueno como hubiera querido, y probablemente mis ideas tenían muchas carencias, pero me sentí muy cómodo conversando con él. No hace falta cruzar muchas palabras con Noam Chomsky para advertir que su cerebro es especial, extraordinario, y no solo eso: es también una persona particularmente amable, cálida y sencilla. Noam Chomsky es un gran ser humano.

En su oficina pude notar tres detalles muy elocuentes: interminables pilas de libros en cada rincón, un pequeño muñeco zapatista (seguramente obsequiado por algún integrante del EZLN en México) y una amplia fotografía del filósofo y matemático inglés Bertrand Russell que se acompañaba de la siguiente cita: «Tres pasiones, simples pero abrumadoramente poderosas, han gobernado mi vida: el deseo intenso de amor, la búsqueda del conocimiento, y una compasión insoportable por el sufrimiento de la humanidad».

Al final de aquella conversación, a la cual me acompañó cámara en mano María Ayub —una gran amiga, también chihuahuense y *millennial*, que comenzaba su carrera en el mundo del cine—, le dije que él y Pepe Mujica eran los personajes más sabios que yo había encontrado e intenté explicarle el radical impacto que ambos habían tenido en mi vida. De este modo, justifiqué mi propuesta de reunirlo con Mujica para hacer un documental dirigido a *millennials* y *centennials*. El profesor Chomsky aceptó con gusto.

De Boston regresé a Ecuador (Zeus y el proyecto informático me esperaban); solo pasaría antes unos días en México para reunirme con algunos productores cinematográficos, para saludar a mi hermana y para ir a la boda de uno de mis amigos más entrañables. Ya en Ecuador, tras algunas semanas de seguir intentando comunicarme con Mujica, en Quito logré dar con un amigo de él y de su esposa, Lucía Topolansky. Le comenté a este amigo lo que había sucedido en Boston y él tomó su teléfono celular e hizo una llamada inmediatamente. Me entregó el teléfono timbrando y me dijo: «Cuéntale a ella; es Lucía». Desconcertado, tomé el teléfono y reconocí su voz. Efectivamente, era Lucía Topolansky, a quien saludé y solicité la oportunidad de visitar a su esposo para extenderle la misma propuesta que Chomsky ya había aceptado. Ella me apoyó y logramos organizar el encuentro en su casa, que está en las afueras rurales de la ciudad de Montevideo.

Viajé a Uruguay y el 12 de enero del 2017 platiqué dos horas con Mujica. Y, aunque creo que ha sido la charla más bella que he tenido en mi vida, no se inició como esperaba. Yo había llegado a Montevideo con unos zapatos viejos y algo rotos, pues vivía en el campo ecuatoriano, alejado de todo glamur; sin embargo, no quise presentarme así en su casa (evidentemente aún no terminaba de entender a quién iba a ver), de modo que un día antes salí a recorrer la ciudad en busca de calzado nuevo. Me compré unos zapatos deportivos completamente blancos y con ellos relucientes llegué a su *chacra* (que significa 'finca agrícola' o 'granja' en el sur latinoamericano). Yo iba vestido con un pantalón de mezclilla y una playera negra sencilla, y esto solo es relevante por lo que sucedió después… Mujica vestía un pantalón corto y una camisa vieja; le faltaban algunos botones y estaba sucia, como si recién viniera de arreglar el motor de su tractor o algo así. También llevaba puestos unos huaraches (sandalias) empolvados y mostraba un par de días de no rasurarse; un campesino típico, pero con una mirada extremadamente poderosa.

Al entrar al cuarto donde él se encontraba, me miró fijamente de arriba abajo y dijo con ironía y en voz baja: «Championes [zapatos deportivos] nuevos, ropa de marca… ¿A ver?». Me quedé frío, pero intenté recomponerme y me apresuré a saludarlo afectuosamente. Le conté mi historia, el impacto que la suya había tenido en mi persona, y comentamos también la coyuntura política de aquel entonces; los minutos pasaron volando. Le dije que gracias a él y a Noam Chomsky yo había comprendido que mi generación es heredera de una civilización insostenible y que su subsistencia se jugaría en las próximas décadas, por lo cual era indispensable llevar a cabo algo que me atrevía a llamar *la revolución de los usuarios*: un proceso político-comunicacional enfocado en hacer obsoletos a los administradores del sistema para que los usuarios gobiernen, así como en la Grecia clásica, a la cual Mujica tanto hace referencia. Él mostró una cálida simpatía por mis comentarios y poco a poco su actitud me fue envolviendo.

Mujica es un tipo de un magnetismo muy singular, muy auténtico, muy apasionado, y también tiene un gran sentido del humor. Resalta en él algo que yo nunca había visto, y es que tiene la capacidad de decir lo más complejo y lo más profundo de la forma más sencilla y más hermosa. Creo que Pepe Mujica es algo así como un filósofo poeta del pueblo. Sin duda, es un ser humano que habla desde otro lugar, con una profundidad especial; sospecho que eso pasa con las personas que han conocido la tortura y los extremos del sufrimiento humano y que, por mera convicción en sus ideales, han visto la muerte a los ojos sin bajar la mirada. Su fortaleza de espíritu es sorprendentemente clara al tenerlo enfrente.

Sentados frente a frente, le dije que para mí él era como un abuelo —eso sentí cuando estuve con él—, y le dije también que no sabía qué tan buenas serían mis ideas de revolución, pero que humildemente eran la traducción *millennial* de lo que yo había aprendido de él y de Chomsky. Le dije también que todo eso le había dado sentido a mi vida cuando más lo necesitaba y que quería compartirlo con todos los jóvenes del mundo a través de un documental que los reuniera por primera vez. Mujica aceptó también con gusto.

Cabe mencionar que él y Noam Chomsky nunca se habían visto, pero soy testigo de que antes de conocerse ellos ya se tenían mutuamente un respeto enorme, y ahora iban a reunirse. Esto me generaba una emoción difícil de describir, algo así como una piromaníaca curiosidad por mezclar dos elementos hiperdisruptivos en una misma conversación solo para ver qué sucede.

En julio del mismo año 2017 llevamos al profesor Chomsky y a su esposa, Valeria Wasserman (alguien también indispensable, al igual que Lucía, para que este encuentro fuera posible), a pasar un fin de semana a la casa de la familia Mujica-Topolansky, en Uruguay. Para mí fue histórico, no solo por ser el inédito encuentro del intelectual vivo más influyente de nuestros tiempos y del político más querido del mundo, sino también porque estábamos reuniendo ahí a las dos personas que más admiro. Filmamos tres días seguidos en Uruguay y así comenzó esta producción. Fue una experiencia verdaderamente increíble, en la que pasó de todo, pero esa es otra historia, que corresponde a la pantalla y no a este libro.

Regresé a México a finales del 2017 pensando que en 2018 lograría terminar y estrenar el documental, pero no lo logré, porque después de los costos de producción que implicó aquel encuentro en Uruguay ya no quedaba dinero para concluir la posproducción de lo que habíamos filmado. Yo no lo sabía, pero aquel proyecto cinematográfico apenas comenzaba. Busqué apoyos, socios, préstamos, todo, pero no conseguía los medios para terminar el documental. De modo que decidí realizar una campaña en Kickstarter.com y recolectar a través de internet donaciones para el proyecto. Fue un éxito, y después de impuestos logramos reunir en Kickstarter.com cerca de cuarenta mil dólares y una serie de promesas de apoyo por fuera para transformar el proyecto en algo muy superior. A los pocos meses descubrí que cuarenta mil dólares eran muy poco frente a los costos reales que teníamos, y que aquellas promesas de apoyo se desvanecerían como espuma con la llegada del covid-19 y su consecuente crisis global.

Sin éxito, seguí tocando puertas durante 2020 y 2021. Hablé con muchísima gente del medio cinematográfico en México y el exterior, mandé correos a tantas productoras de documentales como encontré en internet, pero no lograba articular el financiamiento del documental (ni del *sistema de comunicación articulativa* inspirado en Assange, un proyecto que nunca he podido abandonar). Fue durante ese proceso que un personaje clave se sumó al proyecto. Como mencioné, Pink Floyd me había acompañado desde la adolescencia, de modo que repetí la operación: busqué un *mail* en el sitio web oficial de mi artista favorito de todos los tiempos, Roger Waters, y le escribí diciendo que me gustaría incluir música suya en el documental. De nueva cuenta y para mi sorpresa, Roger Waters contestó al día siguiente; al parecer su asistente recibió mi mensaje y le avisó de inmediato de qué se trataba. Roger compartió conmigo su número de celular e hicimos un par de videollamadas; le mostré parte del material que habíamos filmado en el 2017 y seguimos en contacto, a la espera de que el proyecto avanzara.

Esto no fue una casualidad: Roger Waters es también una persona extraordinaria, y su apoyo fue uno de esos regalos que la vida te entrega cuando no encuentras la salida pero sigues avanzando. Él es un hombre muy simpático y sumamente inteligente; su conocimiento, claridad y argumentación política son sorprendentes. Si yo ya lo admiraba por su música sublime y su concepto artístico único, por su poderoso mensaje y su naturaleza hiperdisruptiva, ahora que conozco un poco de su persona lo admiro mucho más. Mucho más. Creo que, unidos por ideas anarquistas —que no significa caos y desorden como muchos creen, sino todo lo contrario— y separados por caminos muy distintos, tanto Roger Waters como Noam Chomsky y Pepe Mujica son verdaderos gigantes de nuestros tiempos. Habrá quien no coincida conmigo, pero, para mi forma de ver el mundo, ellos son el músico, el intelectual y el político más extraordinarios de la actualidad. Y si el mejor periodista del mundo, Julian Assange, no estuviera injustamente encerrado —paradójicamente, desde el día en que comenzó aquel escándalo de Yo Soy 132 (19 de junio de 2012)—, no tengo duda de que yo habría hecho hasta lo imposible por reunir a estos cuatro jinetes del antiapocalipsis capitalista. Aún no pierdo ese sueño.

Ya a principios del 2022 estuve a punto de cerrar una negociación con una importante casa productora estadounidense, pero al final declinó apoyar el documental, y en mi desesperación volví a contactar a Roger Waters, pero esta vez para invitarlo como narrador. Había decidido rediseñar el proyecto por completo, escribir un nuevo guion y volver a entrevistar a Chomsky y a Mujica para contrastar lo mucho que había cambiado el panorama en esos cinco años transcurridos; el mundo después del covid-19 y la invasión a Ucrania ya no era el mismo. Roger aceptó diciendo que sería un honor participar como narrador, pues, aunque nunca había hablado con los entrevistados, tenía una gran estima y respeto por ambos; según sus palabras, ellos eran una suerte de héroes para él también. Con mi entusiasmo renovado realicé algunas entrevistas nuevas en 2022 y 2023 a personajes como Yanis Varoufakis, Rafael Correa, Jeremy Corbyn, Chelsea Manning, Harry Halpin, John y Gabriel Shipton (padre y hermano de Julian Assange), entre otros; incluso llevé a cabo algunas videoconferencias increíbles en las que participamos Waters, Chomsky, Mujica y yo. Confieso que pocas cosas agradezco tanto a la vida como la oportunidad de mediar para acercar a estos gigantes y traducirles cada palabra (Noam y Roger no hablan español ni Mujica inglés).

A la fecha, Zeus y yo seguimos concentrados y avanzando en la producción del documental de Chomsky y Mujica, y también en el *sistema de comunicación articulativa* inspirado en Assange —que es una especie de *red social de usuarios colectivos*, algo nunca visto y que pretende ser la antítesis del modelo de Silicon Valley—. Sin embargo, adelanto que en el documental no aparezco ni menciono nada de esta historia personal que ahora intento resumirles, y que espero no haya sido demasiado larga o aburrida. Más allá de hacer una introducción y de exponer el origen de esta obra, quise relatar todo esto al comienzo del libro porque, tal como su cubierta sugiere, este proceso de encuentro entre Noam Chomsky y Pepe Mujica ha sido todo un viaje y creo que solo tiene sentido al compartirlo, especialmente con *millennials* y *centennials*.

Por eso, más allá de las consideraciones políticas compiladas en esta obra, quise también incluir algunas perspectivas de corte filosófico que me parecen indispensables para superar la crisis civilizatoria que los jóvenes tenemos enfrente. Entre esas perspectivas filosóficas que he abordado con Chomsky y con Mujica a lo largo de estos años (y que podrán leer en próximos capítulos, particularmente en el capítulo III), sentí la necesidad de exponer el problema existencial que me trajo hasta aquí y que acecha a la inmensa mayoría de los *millennials* y *centennials*; me refiero al vacío que impone perder el sentido de la vida, es decir, no tener un propósito para estar vivo. Y es que, conforme vamos creciendo, hallarle sentido a la vida se vuelve algo cada vez más complejo, y creo que el origen de este dilema se encuentra en la contradicción más profunda de nuestros tiempos: el éxito capitalista no es compatible con la felicidad humana —no en vano Mujica suele repetir que «el hombre feliz no tenía camisa»—. Esta contradicción estructural de nuestra civilización es un problema que me preocupa tanto como el cambio climático o la guerra nuclear, pues la mayoría de los jóvenes que conozco viven con algún nivel de depresión, y en muchos casos sufriendo recurrentes ataques de ansiedad ante una paradoja que no podría haber abordado coherentemente sin antes relatar este viaje personal que nació con Yo Soy 132. Esa paradoja o dilema existencial es que la vida no tiene sentido; el sentido de la vida es aquel que uno le da.

La frase anterior puede parecer trillada —supongo que la mayoría ya había escuchado o leído ese concepto, pues yo también lo conocía desde muy joven—, pero comprender esto me costó una muy larga lista de dolores y fracasos siendo adulto. Como dije, tuve que desaprender muchas cosas, y aún lo sigo haciendo, pero así aprendí que al escucharnos a nosotros mismos con suficiente atención podemos encontrar el sentido que todos buscamos y necesitamos. Por eso es indispensable advertir que cuando uno está acorralado la única salida es hacia adentro, y esto significa que, al perder el rumbo, uno debe escucharse a sí mismo y confiar en eso, aun cuando aquello contradiga las cuotas sociales del grupo al que pertenece. Creo que cuando uno escucha a su interior con suficiente atención, las pasiones le hablan, y estas son una especie de brújula que indica el camino de vida del cual podría enamorarse. Esto es crucial, porque todos los senderos son complejos y nos pondrán de rodillas, pero solo enamorado encuentra uno la fuerza para no claudicar en el trayecto y volverse a levantar cada vez que sea necesario. De modo que hay que conocerse y estar en sintonía con uno mismo, y más ahora, en un mundo tan contradictorio y lleno de distractores. Creo que los jóvenes debemos tener esto muy presente y no dejar que el mundo nos diga quiénes somos y cuánto valemos.

Pero aquí va otra clave: si ese camino o propósito que elijas no ayuda a construir (en mayor o menor medida) un mundo mejor y solo orbita en el placer y el beneficio individual, cuando vayas cumpliendo las metas que anteponga ese trayecto te sentirás igual de vacío, pero mucho más frustrado. Esto significa que, para no claudicar, todos necesitamos una causa superior a nosotros mismos, una causa que no caiga con nosotros y que se mantenga firme cuando la vida nos ponga de rodillas. Porque caeremos en nuestro andar, inevitablemente y por fortuna, pues no hay mayor maestro que el fracaso, pero, si nuestra causa es superior a nosotros, seguirá en pie cuando caigamos y podremos apoyarnos en ella para volver a levantarnos. Para eso sirve tener un propósito en la vida superior a uno mismo, y creo que una vida con propósito es la única vacuna para la mayor pandemia del siglo XXI: la depresión.

Este problema existencial que afecta a la inmensa mayoría de los *millennials* y *centennials* en todo el mundo no es casualidad, ni tampoco se estima que la tasa récord de suicidios que lo acompaña vaya a disminuir en un futuro próximo, pues la mayoría de los jóvenes viven hoy en día pegados a una pantalla de celular hasta para ir al baño, y eso solo construye una sociedad de individuos inseguros de sí mismos e incapaces de tomarse el tiempo para escuchar a su interior. Estamos sistemáticamente orientados a vivir de afuera hacia adentro, no de adentro hacia afuera, y esto genera un ejército de rehenes de conceptos y cuotas sociales contradictorias que son impuestas por el exterior, las cuales diluyen la esencia de cualquier individuo e inhiben su facultad de ser feliz.

Al emprender un rumbo propio y auténtico, es importante también identificar que aparecerán muchas fuerzas en contra, empezando por aquellos que no confían en sí mismos y que no se atreven a escuchar su corazón y soñar. Ellos serán los primeros en ofenderse y criticar al ver que alguien tiene la osadía de guiarse por su corazón, y esas personas podrán ser tus colegas, familiares, amigos o pareja. Por eso es importante dejar que quienes sobran en tu vida y no creen en ti se vayan. Sin duda, te tildarán de idealista (ingenuo) todos aquellos que no se escuchan a sí mismos, te dirán que pongas los pies sobre la tierra y algunos hasta se regocijarán en tu fracaso, pero los sueños más bellos nacen siempre de adentro y solo se construyen fracasando con la frente en alto.

Y no hay que confundirse con esto, pues dar rienda suelta a los sueños no es necesariamente aspirar a lo más complejo; soñar en grande es simplemente luchar por lo que a uno le dicta el corazón. Y como el corazón de todos es distinto e irrepetible, el camino de cada ser humano es irremediablemente único y extraordinario. En lo personal, sé que hablo desde una posición de muchos privilegios y que nuestras sociedades someten a la gran mayoría a obstáculos inmensos, pero creo que el mayor obstáculo está instalado en la cabeza de cada uno de nosotros, y ese obstáculo imaginario no distingue color de piel, preferencia sexual, estatus socioeconómico o diferenciadores de ese estilo. Por eso es indispensable atender nuestros impulsos y aquello que nos motive; al hacerlo, ese camino irá tomando forma poco a poco, se convertirá en un proyecto de vida y propondrá tareas concretas, y una vez que estas estén definidas debemos perseguirlas con una determinación y una persistencia radicales.

Seguir tu corazón es una aventura de luces y sombras, pero desde mi punto de vista es el único camino que tiene sentido. En mi caso, siempre he sido un apasionado soñador de naturaleza artística y vocación política, y conciliar esos imperativos de mi personalidad (o pasiones que me grita el corazón) siempre ha sido y seguirá siendo un reto complejo en un mundo como este, pero creo que reducir la existencia a las cuotas sociales que impone nuestro entorno no es un proyecto de vida digno para nadie; dicho de otra forma, ser únicamente un ente de producción y consumo con una línea de crédito bancario creo que le mata el alma a cualquiera. Es preciso hacer lo que amamos, y todos aquellos que se entreguen a una causa superior están inevitablemente llamados a lo extraordinario.

A mí me falta muchísimo por aprender, y esto de *escuchar a tu corazón* lo digo solo con la experiencia de ser un experto en el fracaso. En las competencias nacionales de atletismo y básquetbol nunca gané un primer lugar; Peña Nieto fue presidente a pesar de Yo Soy 132 y en México los medios de información siguen mintiendo hoy igual que siempre; nunca logré instalar aquel servicio de internet para zonas marginadas durante mi tiempo en Sudamérica; llevo diez años gastando cada centavo que produzco con el fin de hacer un sistema de *software* inspirado en Assange y no he podido terminarlo; llevo más de siete años luchando para concluir el documental y tampoco lo he conseguido, y así sucesivamente. De modo que, visto desde fuera, éxitos prácticamente no tengo, y sueños tengo muy pocos, pero soy radicalmente fiel a ellos para no volver a perderme. Por eso, en esos momentos en que comienzo a perder el sentido y no logro ver hacia adelante, siempre volteo hacia adentro para hablar conmigo y volver a encontrarme.

Soy un simple activista y no me acerco ni remotamente al conocimiento, los logros o la experiencia de Chomsky o de Mujica, pero humildemente puedo compartir que con la prematura muerte de mis padres entendí que la vida es una oportunidad tan valiosa como finita, y que el Yo Soy 132 me demostró que cualquier persona puede vivir cosas extraordinarias cuando se entrega de corazón a una causa superior. Por eso me es imposible renunciar al anhelo de una vida extraordinaria, una que se apegue a lo que me dicte el corazón, y vivir una vida así creo que es un derecho y el llamado natural de todo ser humano. Ese es el camino del Quetzal.

Por último —y pidiendo de antemano una disculpa a Chomsky por seguir llamándolo así—, voy a compartir dos frases que resumen lo más valioso que he aprendido del *sabio del norte* y del *sabio del sur*, y que identifico como los valores esenciales para que el Águila y el Cóndor vuelen juntos de nuevo:

«Piensa por ti mismo». Noam Chomsky.

«El verdadero triunfo es levantarse cada vez que uno cae». Pepe Mujica.

Noam Chomsky

Biografía

Nacido el 7 de diciembre de 1928 en Filadelfia, Estados Unidos, Avram Noam Chomsky es uno de los académicos más citados e influyentes de la historia moderna y, paralelamente, uno de los activistas y disidentes políticos más icónicos de los siglos XX y XXI. Es profesor emérito del Instituto Tecnológico de Massachusetts (MIT), institución en la cual impartió cátedra desde 1955, tras obtener su doctorado, y desde 2017 es profesor laureado de lingüística en la Universidad de Arizona.

En su faceta académica es comúnmente conocido como *el padre de la lingüística moderna*. Entre algunas de sus monumentales aportaciones, desarrolló la *teoría de la gramática generativa*, la *jerarquía de Chomsky* y la teoría de la *gramática universal*, trabajos que lo ubican como autor de una transformación radical en su principal materia de estudio. Es ampliamente reconocido como uno de los iniciadores de la revolución cognitiva en el campo de las humanidades y como precursor del desarrollo de un nuevo marco científico para el estudio de la mente y el lenguaje. Chomsky es también una importante figura en la filosofía analítica, uno de los fundadores de la ciencia cognitiva, y su trabajo ha influenciado profundamente otras áreas de estudio, como la filosofía, la psicología, la ciencia computacional, las matemáticas, la pedagogía, la antropología, la historia y la ciencia política.

Durante su prolífica carrera ha escrito más de 150 libros y su genio intelectual le ha valido numerosos títulos honoríficos de instituciones como la Universidad de Columbia, la Universidad de Harvard, la Universidad de Cambridge, la Universidad Nacional Autónoma de México, la Universidad de Massachusetts, la Universidad de Delhi, la Universidad de Londres, la Universidad de Georgetown, la Universidad de Chicago, la Universidad de Western Ontario, el Swarthmore College, la Universidad Loyola de Chicago, el Bard College, la Universidad de Buenos Aires, la Universidad de Calcuta, el Amherst College, la Universidad de Toronto, la Universidad Nacional de Colombia, la Universidad McGill, la Universitat Rovira I Virgili en Tarragona, la Universidad de Connecticut, la Universidad de Pensilvania y la Scuola Normale Superiore de Pisa, entre otras. Además de ser miembro de diversas sociedades profesionales y académicas en Estados Unidos (como la Academia Estadounidense de las Artes y las Ciencias y la Academia Nacional de Ciencias) y en el extranjero, ha recibido el Premio a la Contribución Científica Distinguida de la Asociación Estadounidense de Psicología, el Premio Kyoto en Ciencias Básicas, la Medalla Helmholtz, el Premio Dorothy Eldridge por la Paz, la Medalla Ben Franklin en Ciencia de la Computación y Ciencia Cognitiva, entre otros.

Ideológicamente, Chomsky describe su orientación política como anarquista —más específicamente, como anarcosindicalista— y se alinea con la corriente del socialismo libertario, crítico del marxismo ortodoxo y del leninismo. Con una larga trayectoria como activista que comenzó en su juventud, arriesgó su brillante carrera académica y fue arrestado en múltiples ocasiones debido a su activismo; incluso estuvo muy cerca de enfrentar una larga condena en la cárcel, pero su juicio fue cancelado a último minuto ante la conmoción política y mediática que generaba. Al ser uno de los primeros intelectuales en oponerse férreamente a la guerra de Vietnam, fue incluido en la lista de opositores al presidente Richard Nixon, y en distintas etapas de su vida fue también objeto de hostilidades directas del Estado de Israel, debido a su permanente apoyo a los derechos del pueblo palestino.

Chomsky sigue siendo un destacado crítico de la política exterior de Estados Unidos y su permanente intervencionismo militar en todo el mundo, del capitalismo estatal contemporáneo y de los medios de comunicación masivos, los cuales, sostiene, «manufacturan el consentimiento» en beneficio del capitalismo y los poderes políticos que lo mantienen vigente. Chomsky y sus ideas son mundialmente influyentes en los movimientos anticapitalistas y antiimperialistas. Su asombrosa biografía eleva el concepto de ser un intelectual y la responsabilidad que esto conlleva. Tras retirarse de la enseñanza activa en el MIT, ha continuado con su activismo político —el cual siempre se ha distinguido por ser despiadadamente honesto, claro e imposible de intimidar—, que incluye la oposición a la invasión de Irak en 2003 y el apoyo al movimiento Occupy Wall Street, así como a muchas otras causas en favor de la libertad y la justicia social alrededor del mundo.

Mencionó alguna vez el diario *The New York Times*: «Juzgado en términos de poder, alcance, novedad e influencia, Noam Chomsky es probablemente el intelectual vivo más importante hoy en día», y aquella valoración sigue vigente. Sin embargo, este profesor universitario es mucho más que eso. Noam Chomsky no es solo un intelectual revolucionario; es también un revolucionario intelectual, pues, así como revolucionó el campo académico que decidió explorar, ha sido también un icónico y aguerrido líder intelectual de la izquierda mundial en el combate político activo de la segunda mitad del siglo XX y el siglo XXI. Su dedicación inquebrantable a exponer injusticias y desafiar el *statu quo* le ha valido un lugar entre las figuras más influyentes del mundo durante décadas, y se mantiene como una inspiración para todos aquellos que se atreven a cuestionar al poder y buscan un mundo más justo y equitativo.

Presentación

Soy Noam Chomsky, profesor emérito del Massachusetts Institute of Technology (MIT) y ahora profesor en la Universidad de Arizona. Escribí mi primer artículo en cuarto grado. Recuerdo la fecha fácilmente porque trataba sobre la caída de Barcelona ante las tropas de Franco. Estoy seguro de que no fue un artículo muy memorable; espero que haya desaparecido [dice entre risas], pero se refería a la expansión del fascismo en Europa —Austria, Checoslovaquia, Toledo, Barcelona—, que se sintió como el fin de cualquier esperanza de libertad en España y parecía una expansión inexorable del terror real en aquel tiempo, 1939. De ahí en adelante, simplemente nunca me detuve.

Era aficionado a los libros. Durante la adolescencia pasaba mucho tiempo leyendo y estaba involucrado en varios tipos de activismo de izquierda, mucho de eso en relación con lo que entonces era el movimiento sionista, pero en una parte del movimiento que se oponía a la creación un Estado judío. El Estado judío fue un error y, una vez establecido, ha sido un Estado como cualquier otro. En la izquierda estábamos a favor de la cooperación de la clase obrera judía y de impulsar la comunidad palestina, y eso era parte del movimiento sionista de entonces, aunque hoy sea difícil de creer. Participaba en eso y en política en general; esas eran mis actividades principales, aparte del estudio, actividades con amigos y todo eso. En esos días era bastante inusual ir a una universidad que no fuera la universidad local; vivías y trabajabas cerca de tu domicilio e ibas a la universidad cercana, así que eso hice a los 16 años. Nuestra universidad no me gustó mucho; la habría abandonado si no fuera porque llegué a los cursos de posgrado, y a partir de allí desarrollé una especie de carrera un tanto exótica, pero siempre involucrado en algunos tipos de activismo político.

Mis primeras influencias políticas vinieron de mi círculo familiar; no de mi familia inmediata, sino de mi familia extendida. Crecí en un ambiente intensamente judío; laico, pero judío. Eran en su mayoría inmigrantes judíos de primera generación, muchos de ellos desempleados de clase trabajadora, algunos del Partido Comunista y otros anticomunistas de izquierda, lo que significa que eran críticos del comunismo desde la izquierda. Yo vivía en Filadelfia, a cien millas de Nueva York, y cuando tuve la edad suficiente para hacer cosas por mi cuenta, a eso de los doce años, mis padres me dejaron ir solo a Nueva York y quedarme con mis parientes. Pasaba el tiempo en librerías anarquistas, librerías pequeñas llenas de inmigrantes europeos de izquierda, muchos de España. Recogía mucho material sobre la guerra civil española y algunas otras cosas de literatura anarquista. También algunas personas mayores influyeron en mí, en particular un tío que había estado involucrado en todo tipo de actividades radicales.

Noam visto por Pepe

Yo había leído cosas de él por todas partes en estos años. Siempre me pareció alguien muy interesante. Empecé a recordar cosas de la época de la guerra de Vietnam. Él perteneció a ese puñado de intelectuales que terminaron ganando la guerra, porque Estados Unidos la perdió internamente, por el costo que le significó. Y la verdad es que toda mi vida fui bastante libertario (en el sentido clásico del término, no según la concepción anarcocapitalista estadounidense); encajo perfectamente con su manera de pensar.

[...]

Es un honor que este hombre venga al Uruguay. En este momento es el loco más genial que queda, porque este mundo está lleno de gente demasiado cuerda [dice riendo]. Y lo más grande que nos ha dado en todos estos años es su lucha por mantener la libertad más difícil que hay: la libertad de pensamiento. Es la cosa más difícil de sostener en nuestro tiempo.

[...]

[Querido Noam Chomsky:]

Le agradezco a la vida el haberte conocido.[1] Tal vez, tu larga siembra nos ha ayudado a sostener la más difícil y comprometedora de las libertades; me refiero a la libertad de pensamiento. Agradezco la suerte de ser una especie de humilde trampolín para que el mundo de los jóvenes y el mundo intelectual uruguayo puedan conocerte y testimoniarte el afecto de lo mucho que has sembrado. No hay porvenir sin intelectuales comprometidos.

---

1 Discurso de presentación de la conferencia «Perspectivas de supervivencia», dictada por Noam Chomsky el 18 de julio de 2017 en el Salón Azul de la Intendencia de Montevideo (Uruguay).

Y el compromiso yo sé que está en las calles y en las peripecias de la gente. La lucha por la libertad no termina nunca, porque en todos los caminos acampan el dolor y el egoísmo. Pero en cada nuevo amanecer renacen la cooperación y la solidaridad, en esa interminable escalera que llamamos *civilización.*

Querido Chomsky, América Latina, pobremente rica, perdura atomizada en países sin poder construir su nación. Y es de color, es mestiza, tiene sangre aborigen, africana y mediterránea; es una síntesis de refugio, de aplastamiento, de esclavitud. Y, sin embargo, naciendo tarde, trata, lucha por construir esperanza para la humanidad toda. Muy grandes los uruguayos, muy grandes por nuestra pequeñez. Luchamos por desarrollo, pero no queremos pagar con felicidad. Nuestra mayor riqueza es el milagro de estar vivos en este pequeño rincón hermoso, y tácitamente nos juramentamos a honrar la vida sin fanatismos y con tolerancia.

Querido amigo, gracias por estar.

Pepe Mujica

Biografía

José Alberto Mujica Cordano, mejor conocido como *el Pepe*, es un floricultor, exguerrillero y político de izquierda que nació en Uruguay el 20 de mayo de 1935, en el barrio Paso de la Arena de la ciudad de Montevideo. Fue presidente de la República entre 2010 y 2015, y es conocido internacionalmente por la honestidad de su pensamiento, por su filosofía personal y por su austero modo de vida, características que le valieron famosos apodos como *el presidente más pobre del mundo* y *el sabio del sur*. Con una biografía epopéyica y una larga colección de discursos llenos de perspicacia, franqueza, profundidad y belleza, hoy resulta difícil imaginar un político más querido en el mundo que Pepe Mujica.

Con ascendencia vasca e italiana y nacido en el seno de una familia humilde, su padre murió cuando él tenía seis años, por lo que desde muy temprana edad se dedicó al cultivo y la venta de flores, actividad que se convirtió en el sustento de la familia. Cursó sus estudios primarios y secundarios en la escuela pública del barrio donde nació, para después ingresar a preparatorios de Derecho, que no concluyó.

En 1956 inició su militancia en el Partido Nacional y llegó a ser secretario general de las juventudes de ese partido. Abandonó el Partido Nacional en 1962 para participar en la fundación de la Unión Popular. Pero en esa misma década, ante un sombrío panorama político plagado de violencia y autoritarismo del gobierno, Mujica se incorporó a la guerrilla urbana conocida como Movimiento de Liberación Nacional - Tupamaros y pasó a la clandestinidad.

Durante su actividad guerrillera recibió seis balazos y terminó preso en el penal de Punta Carretas de Montevideo. Se fugó, fue apresado de nuevo y participó en una segunda evasión, la cual se registró como una de las mayores fugas carcelarias en la historia. En total, fue apresado cuatro veces, fue brutalmente torturado física y psicológicamente y pasó casi quince años de su vida en prisión. Su último período de detención fue de 1972 a 1985, en el que sufrió duras condiciones de aislamiento y subsistencia que, según sus palabras, lo llevaron al borde de la locura y la muerte.

En 1985, al concluir la dictadura, fue puesto en libertad y, junto con miembros del Movimiento de Liberación Nacional - Tupamaros y partidos de izquierda, creó el Movimiento de Participación Popular (MPP), dentro de la coalición política denominada Frente Amplio. En las elecciones de 1994 Mujica fue elegido diputado por Montevideo y en las de 1999 resultó senador. En las elecciones de 2004 su movimiento se consolidó como la primera fuerza dentro del partido de Gobierno y en marzo de 2005 Mujica fue designado ministro de Ganadería, Agricultura y Pesca. El 29 de noviembre de 2009 fue electo presidente de la República Oriental del Uruguay, con más del 52 % de los votos emitidos, y prestó juramento el 1 de marzo de 2010 en el Palacio Legislativo. El juramento lo tomó su propia esposa, Lucía Topolansky, por haber sido la senadora más votada del partido más votado. Ella también había sido miembro destacado de la guerrilla, lo que le significó largos años en prisión y brutales torturas.

Durante el 2013, el diario *The Economist* declaró a Uruguay el país del año. Calificó de admirables las dos reformas liberales más radicales recientemente implementadas por

Mujica: la regulación de la producción, la venta y el consumo de marihuana y la legalización del matrimonio gay. Una vez terminada su gestión, Mujica fue reelegido senador para los períodos 2015-2020 y 2020-2025, pero el 20 de octubre de 2020 renunció al puesto a causa de la pandemia de covid-19 y también debido a su avanzada edad.

Desde hace décadas, Mujica y su esposa Lucía conviven en condiciones muy modestas en una chacra en la zona de Rincón del Cerro, en la que se dedican al cultivo de flores. Ni siquiera abandonaron esa residencia durante la gestión presidencial de Mujica. En ese período, Mujica donaba el 90% de su sueldo y viajaba siempre en segunda clase en sus traslados oficiales. Su patrimonio se compone de aquella chacra en las afueras rurales de Montevideo y un Volkswagen modelo 1987 valorado en 1800 dólares. Y, si bien durante su presidencia Mujica abandonó su característico atuendo informal y en ocasiones importantes vestía traje hecho a medida, nunca usó corbata.

Figura icónica de la izquierda, admirada y respetada incluso por amplios sectores de la derecha política en todo el mundo, Pepe Mujica es un personaje disruptivo y congruente que ha demostrado que existe una manera distinta de hacer política.

Presentación

Soy un tipo de mucha suerte. La muerte me anduvo rondando muchas veces, pero no quiso llevarme, me dio tiempo. Hoy tengo 82 años. De joven tuve el defecto de todos los jóvenes [dice sonriendo]; me enamoré algunas veces, quise cambiar el mundo, tuve algunos problemas, me tocó ir preso, me recibieron unos balazos, me escapé dos veces; en fin, seguí. Después, a la salida de la dictadura, decidimos cambiar, porque el pueblo uruguayo no podía entender otra cosa. Nos inclinamos a la militancia legal, empezamos a avanzar, aceptamos las reglas de la democracia liberal. Fui diputado, después senador, ministro, presidente, y ahora estamos en esto, despidiéndonos. Mi nombre es José Mujica; como todos los José, soy Pepe de sobrenombre. Mi vieja familia es de un rinconcito del País Vasco. Mi familia materna vino de Liguria; eran campesinos italianos. Soy nacido en un barrio de chacras [fincas rurales agrícolas y de crianza de animales], un poco de la ciudad y un poco del campo. Amo la tierra, soy un campesino, una especie de *terrón con patas*. Amo mucho la naturaleza. Cultivo la sobriedad filosóficamente, y probablemente sea algo así como una especie de neoestoico.

Pepe visto por Noam

SAÚL ALVÍDREZ. ¿Qué sabía usted sobre Pepe Mujica antes de conocerlo?

NOAM CHOMSKY. Había leído mucho sobre él, sabía de su destacada carrera y logros. También sabía del admirable estilo de vida que asumió cuando llegó a la Presidencia y lo que ha hecho como presidente y como senador.

SAÚL. ¿Qué considera lo más admirable o representativo de Mujica?

NOAM. Algo que podría destacar es que no participó en la corrupción que es tan dominante, no solo en Latinoamérica, sino en todos lados, aunque aquí particularmente. Y ha vivido una vida simple, honesta y comprometida con el trabajo en beneficio de la gente, algo que es muy inusual en un líder político. Es muy difícil encontrar un caso así.

SAÚL. ¿Qué opina usted de alguien que toma un camino como el de la guerrilla? Con los tupamaros, por ejemplo. ¿Qué opina de quienes deciden participar en ese tipo de lucha?

NOAM. Uno podría entender las razones para embarcarse en una iniciativa así en aquel momento. Creo que fue… Lo más amable que se puede decir, porque se pueden decir cosas peores, es que debe haber sido un error de juicio. No creo que esa [la vía armada] sea la manera de lograr un cambio significativo y trascendente en la sociedad. [Pepe] Sufrió muchísimo, fue tratado de una manera terrible durante todos esos años preso, y nada de eso debería ser tolerado en ninguna parte del mundo civilizado. Es increíble que haya logrado soportarlo y aparte emerger como un ser humano tan honorable y tan admirable.

[…]

Creo que [Pepe] es la figura política más cautivante e importante hoy en el mundo.

II.
¿Cómo hemos llegado hasta aquí?

a. Perspectivas de supervivencia[2]

NOAM. Nos guste o no, estamos viviendo en el período más extraordinario de la historia de la humanidad. En los últimos años, los seres humanos han construido dos enormes mazos preparados para destruirnos, junto con otros que esperan entre bastidores. Al margen de estos «logros», las fuerzas dominantes en la sociedad global han instituido políticas que erosionan sistemáticamente la mejor línea de defensa contra la autodestrucción. En resumen, **la inteligencia humana ha creado una tormenta perfecta y, si esto continúa, es poco probable que nuestra especie sobreviva mucho tiempo.**

Pareciera que la humanidad se ha dedicado a comprobar una sombría tesis formulada por uno de los principales biólogos modernos, el difunto Ernst Mayr. Mayr estaba estudiando la posibilidad de encontrar vida inteligente en otras partes del universo y concluyó que las probabilidades eran muy bajas, y sus sólidos argumentos se basaban esencialmente en nuestra situación actual. Él observó que tenemos una sola muestra como referencia, el planeta Tierra. En la Tierra han existido aproximadamente quince mil millones de especies, por lo que tenemos evidencia considerable de qué contribuye al éxito biológico, y Mayr apuntó que la evidencia

---

2 Textos extraídos de la conferencia «Perspectivas de supervivencia», dictada por Noam Chomsky el 18 de julio de 2017 en el Salón Azul de la Intendencia de Montevideo (Uruguay).
N. del E.: Esta conferencia tuvo lugar durante el gobierno de Donald Trump.

es inequívoca: los organismos más exitosos son aquellos capaces de mutar muy rápido, como las bacterias, o aquellos que tienen un nicho fijo y lo atienden pase lo que pase, como los escarabajos. Por lo tanto, las bacterias y los escarabajos probablemente sobrevivan a aquellos que no cambian según su entorno.

A medida que nos movemos en la escala de lo que llamamos *inteligencia,* las perspectivas de supervivencia se van reduciendo, y cuando llegamos a los mamíferos se reducen drásticamente. Los primates son muy pocos; los humanos también. Hasta hace apenas unos cientos de años eran una especie escasa, muy reducida, y el reciente crecimiento exponencial que ha experimentado la humanidad es una anomalía estadística poco relevante en la línea del tiempo. De modo que **Mayr concluye: «La historia de la vida en la Tierra refuta la teoría de que es mejor ser inteligente que estúpido».** En otras palabras, lo que nosotros llamamos *inteligencia* es probablemente una mutación letal. Mayr también añade que la vida promedio de especies en la Tierra es de cien mil años. Los humanos modernos surgieron ya hace unos doscientos mil años, y ahora como especie están comprometidos en un esfuerzo dedicado a comprobar la tesis de Mayr, mostrando que tal vez ya hemos sobrepasado nuestro tiempo asignado en la tierra.

Este esfuerzo suicida ha estado presente desde el fin de la Segunda Guerra Mundial. El final de esta guerra construyó dos inminentes amenazas para la supervivencia, junto con la erosión sistemática de los medios de defensa. **Los dos asombrosos desafíos que enfrenta la especie humana para una supervivencia decente son, por supuesto, las armas nucleares y la catástrofe ambiental. Y la mejor defensa contra el desastre terminal sería una democracia funcional** en la que los ciudadanos informados y comprometidos se unieran para desarrollar medios capaces de superar las amenazas, como de hecho se puede hacer.

La formulación de políticas durante la era neoliberal ha aumentado significativamente estas amenazas. Por razones bien establecidas, estos principios neoliberales excluyen a la población general de participar en la formulación de otras políticas y soluciones; a menudo incluso intentan que las decisiones que toman las élites pasen inadvertidas para el grueso de la población. Estas políticas han concentrado de forma abrumadora la riqueza en pocas manos y, como consecuencia automática, han concentrado el poder político y han socavado las instituciones que podrían responder a la voluntad pública. Están bien diseñadas para erosionar la auténtica democracia. Y asociado con la erosión de la democracia está el embate contra un aparato regulatorio efectivo que pueda mitigar las amenazas. Vemos todo esto muy dramáticamente ahora mismo en el país más poderoso de la historia, Estados Unidos, el «líder del Mundo Libre», pero las raíces son profundas.

Intentaré ahora reunir varios hilos de la historia reciente que se entrelazan, creo, para mostrar que esta imagen de una tormenta perfecta que apunta al desastre es demasiado verosímil. El final de la Segunda Guerra Mundial fue una de las fechas más importantes de la historia humana. Fue un momento de alegría y también de horror, con el amanecer de la era nuclear; una era eclipsada por la oscura comprensión de que la inteligencia humana había creado los medios para la destrucción terminal de la especie.

No se entendió en ese momento, pero **el final de la Segunda Guerra Mundial también marcó el comienzo de otra era geológica que amenaza la existencia humana organizada: el Antropoceno**, una era en la que la actividad humana está cambiando drásticamente el medio ambiente. La fecha de inicio del Antropoceno es aún objeto de debates, pero la Sociedad Geológica Mundial la ha fijado en 1950, en parte debido a los elementos radiactivos dispersados en todo el planeta por las pruebas nucleares, pero también por otras consecuencias de la acción humana, como el fuerte aumento de las emisiones de gases de efecto invernadero. De modo que la era nuclear y el Antropoceno coinciden.

Un índice de la gravedad y la inminencia de la crisis lo proporciona gráficamente el famoso Reloj del Juicio Final, creado por el Buró de Ciencias Atómicas de la Universidad de Chicago, que reúne periódicamente a científicos y analistas políticos para evaluar el estado del mundo y para determinar cuán cerca estamos del desastre terminal, representado por la medianoche en el reloj. En 1947 se estableció que estábamos a siete minutos de la medianoche, y en 1953 estuvimos a dos minutos, cuando la URSS probó la bomba de hidrógeno y después Estados Unidos produjo una explosión mucho mayor, clara señal del desastre inminente. Desde entonces el reloj que marca la medianoche ha estado oscilando. En la década de los ochenta hubo un gran temor de guerra mundial, lo cual nos acercó peligrosamente a la medianoche, y en el 2015 y 2016 se ubicó a tres minutos por dos motivos: la creciente amenaza de una guerra nuclear y el fracaso en hacer frente al cambio climático, que no se había considerado antes. En palabras de este grupo de expertos: «La probabilidad de una catástrofe global es muy alta, y las acciones necesarias para reducir los riesgos de desastre deben tomarse muy pronto». Eso se dijo en el 2016.

Al comienzo del mandato de Trump, los analistas reiniciaron el reloj y acercaron la manecilla a la medianoche. La razón, en sus propias palabras, es que encontraron que «el peligro [era] aún mayor y la necesidad de actuar, todavía más urgente». Y estamos ahora a dos minutos y medio para la medianoche,[3] de modo que el peligro global se avecina. Esto es lo más cerca que hemos estado de un desastre terminal desde 1953, cuando los Estados Unidos y la URSS probaron las bombas de hidrógeno. Vale la pena prestar atención a ese roce anterior con el desastre terminal, que nos dice mucho sobre la formulación de políticas y la verdadera naturaleza del orden mundial actual.

¿Era evitable esta amenaza de autodestrucción? ¿Qué esfuerzos se hicieron para evitarla? La pregunta es obvia y la respuesta, sorprendente, está llena de lecciones sombrías para el día de hoy. Si retrocedemos hasta 1950, es notorio que los Estados Unidos estaban en un lugar muy seguro: controlaban todo el hemisferio y ambos océanos, contaban con una abrumadora superioridad económica y militar, y en gran medida controlaban los principales Estados industriales que habían sido severamente debilitados o casi destruidos por la Segunda Guerra Mundial, mientras que la economía estadounidense florecía con ímpetu. La producción industrial casi se cuadruplicó y se sentaron las bases para una rápida expansión de la posguerra. De hecho, si bien durante mucho tiempo Estados Unidos había tenido la mayor economía del mundo, con ventajas únicas, no había sido un actor importante en los asuntos mundiales, sino que había cedido ese papel a Gran Bretaña y Francia. Pero la guerra lo dejó en una posición de poder sin precedentes. Sin embargo, aunque Estados Unidos era realmente muy fuerte, tenía una amenaza potencial: los misiles balísticos intercontinentales que tendrían ojivas nucleares; no existían en ese momento, pero seguramente existirían.

3 Actualmente estamos a 90 segundos.

Hay un estudio académico acerca de la toma de decisiones y planificación sobre lo que se refiere a armas nucleares realizado por Bundy, que era asesor de seguridad nacional para Kennedy y Johnson; fue muy respetado en su momento y tenía acceso total a los documentos de seguridad nacional. Esto es lo que decía: «No tengo conocimiento de ninguna propuesta contemporánea seria, dentro o fuera de ningún gobierno, de que los misiles balísticos deban prohibirse de alguna manera por acuerdo». Esta declaración se debe releer; me parece una de las declaraciones más notables y reveladoras de la historia académica. Lo que esto quiere decir es que aparentemente no se pensó en prevenir la única amenaza seria para los Estados Unidos, la amenaza de la destrucción total. La seguridad de la población es una preocupación muy marginal, aun la seguridad frente a la destrucción instantánea. Por el contrario, prevalecieron los imperativos institucionales del poder estatal. Además, las víctimas potenciales, la población, quedaron completamente a oscuras, y aún lo están.

Aunque todo esto es público, suele ser desconocido, incluso en el ámbito académico. Entonces, ¿qué posibilidades hay de alcanzar un acuerdo que prevenga esta amenaza terminal para los Estados Unidos? No podemos estar seguros, porque las oportunidades aparentes fueron ignoradas. En marzo de 1952 Stalin hizo una propuesta muy importante; ofreció aceptar la unificación de Alemania con una sola condición: que Alemania no se uniera a la OTAN, una alianza militar que consideraba hostil para la URSS. Stalin dejó abierta la posibilidad de elecciones en Alemania, que Occidente claramente iba a ganar, y esto habría terminado con la Guerra Fría, la amenaza de conflicto y la amenaza del desastre. De hecho, hubo un analista político muy respetado en esa época que sí discutió la propuesta de Stalin: James Warburg, quien publicó un importante libro al respecto titulado *Alemania, clave para la paz*. En ese libro básicamente ridiculiza la propuesta de Stalin diciendo que no se debía tomar en serio, y de hecho no se hizo nada al respecto. Es más, cualquiera que lo mencionara en los años siguientes era automáticamente descartado y agraviado. Yo lo hice y eso fue lo que pasó. Él [Warburg] contestó: «¿Cómo se puede tomar en serio algo así?».

Recientemente, se han desclasificado algunos archivos rusos y resulta que la oferta era en realidad bastante seria. Adam Ulam, un académico de Harvard amargamente anticomunista soviético, consideró que el carácter de la propuesta de Stalin es «un misterio sin resolver». Escribió que Washington «desperdició poco esfuerzo en rechazar rotundamente la iniciativa de Moscú», sobre la base de que la propuesta de Stalin «era vergonzosamente poco convincente», dejando abierta la pregunta básica: Aun cuando esto podría haber tenido enormes consecuencias para la paz mundial y para la seguridad estadounidense, ¿Stalin estaba realmente dispuesto a sacrificar la recién creada República Democrática Alemana en el altar de la democracia?

Bueno, uno de los académicos más destacados de la Guerra Fría, Melvyn Leffler, escribe que los académicos que estudiaron los archivos soviéticos liberados se sorprendieron al descubrir que «[Lavrenti] Beria, el siniestro y brutal jefe de la policía secreta, propuso que el Kremlin ofreciera a Occidente un acuerdo sobre la unificación y neutralización de Alemania», que incluía «sacrificar el régimen comunista de Alemania Oriental para reducir las tensiones Este-Oeste» y mejorar las condiciones políticas y económicas internas en Rusia, oportunidades que se desperdiciaron en favor de asegurar la participación alemana en la OTAN. ¿Era verdaderamente esa la voluntad dentro de la URSS en aquel tiempo? No podemos estar seguros, desde luego, pero sí podemos estar seguros de que lo que importaba en Occidente era la hegemonía global y no la seguridad para la población, que era y sigue siendo una masa considerada irrelevante y mantenida deliberadamente en la oscuridad informativa. Esta es una de las lecciones más crudas y congruentes de la formación de políticas públicas.

Entonces, se habla mucho de la seguridad, pero no en referencia a la seguridad de la población —esa es a lo sumo una preocupación marginal—, sino más bien a la seguridad de los sistemas de poder estatal y privado. Es un tema demasiado amplio para revisarlo en detalle, pero avancemos unos años más, hasta los años cincuenta y sesenta, que son muy reveladores y pertinentes hoy en día.

Después de Stalin tomó el poder Nikita Kruschov, quien estaba muy comprometido con el desarrollo económico y social en la URSS, que por supuesto se encontraba muy por detrás del de los Estados Unidos. Kruschov entendía muy bien que ese desarrollo sería imposible en el contexto de una carrera armamentística y por eso propuso que tanto los Estados Unidos como la URSS redujeran sustancialmente las armas de ataque. Aunque no recibió ninguna respuesta de los Estados Unidos, la URSS procedió de manera unilateral a reducir sus armas en una medida muy considerable. Después, el Gobierno de Kennedy consideró la propuesta de Kruschov, pero reaccionó en sentido opuesto. Citaré a Kenneth Waltz, uno de los académicos de las relaciones internacionales más respetados de entonces: «[La administración Kennedy] llevó a cabo la mayor acumulación militar estratégica y convencional en tiempos de paz que el mundo haya visto hasta ahora, incluso cuando Kruschov estaba tratando de llevar a cabo una reducción importante de las fuerzas convencionales y seguir una estrategia de disuasión mínima, y a pesar de que el equilibrio de armas estratégicas favorecía en gran medida a los Estados Unidos».

Esa fue la respuesta de Kennedy y obviamente hubo una respuesta de la URSS: Kruschov envió misiles a Cuba para tratar de compensar ligeramente el desequilibrio estratégico, que se vio enormemente potenciado por la gigantesca acumulación militar de Kennedy. Una segunda razón fue defender a Cuba contra la campaña terrorista y asesina de Kennedy contra la isla, que culminaría en una probable invasión estadounidense en octubre de 1962, el año en que se enviaron a Cuba los misiles, y lo que siguió casi condujo a un desastre terminal de la especie humana.

Lo que vemos es que, una vez más, estas decisiones dañaron severamente la seguridad nacional de Estados Unidos, mientras que al mismo tiempo aumentaron el poder estatal. Lo que sucedió fue ocultado detrás de la retórica entusiasta de los años de Camelot. Esa es la principal responsabilidad de los intelectuales liberales que han cubierto esta parte de la historia. **La conclusión crucial es que la seguridad de la población es una preocupación menor, y esto sigue siendo así hasta el día de hoy.** Cuando investigamos sobre política internacional y las decisiones gubernamentales, descubrimos rutinariamente que existen opciones pacíficas que bien podrían evitar el desastre, pero se descartan constantemente.

No hay tiempo para revisar el registro, pero pasemos a algo más actual. Hoy nos dicen que el gran desafío que enfrenta el mundo es obligar a Corea del Norte a congelar sus programas nucleares y de misiles.[4] Nos sugieren recurrir a más sanciones, guerra cibernética, intimidación, y también instalar un sistema antimisiles —algo que China considera de

---

4 Al día de hoy, la amenaza más urgente parece ser China.

manera realista como una amenaza grave—; incluso tal vez un ataque directo a Corea del Norte, que tendría consecuencias horribles. Sin embargo, existe otra opción posible que está siendo ignorada: aceptar la oferta de Corea del Norte, la cual contempla hacer exactamente lo que Estados Unidos está exigiendo. China y Corea del Norte han propuesto que Corea del Norte congele los programas nucleares y de misiles, y sus razones son muy parecidas a las de Kruschov. Los líderes norcoreanos buscan el desarrollo económico y entienden que no pueden progresar mucho mientras enfrentan la abrumadora carga de la producción militar y el bloqueo comercial.

La propuesta de Corea del Norte fue rechazada de inmediato por Washington, como había sido rechazada dos años antes por la administración de Obama, de la misma manera que la propuesta de Kruschov fue rechazada por Kennedy, lo cual en su momento nos llevó a lo más cerca que hemos estado de la destrucción total de la historia humana. El motivo del rechazo instantáneo es que la propuesta chino-norcoreana tiene un *quid pro quo:* pide a los Estados Unidos que detengan sus ejercicios militares amenazantes en las fronteras de Corea del Norte, incluidos los ataques con bombas nucleares simuladas de los B-52 enviados por Trump en meses recientes. La propuesta chino-norcoreana no es irracional. Los norcoreanos, por supuesto, recuerdan que su país fue literalmente arrasado por los bombardeos estadounidenses, así como recuerdan los informes alegres en los periódicos militares estadounidenses sobre el bombardeo de grandes represas cuando no quedaban otros objetivos —lo cual es un crimen de guerra obvio—, y el regocijo por el emocionante espectáculo de una gran inundación que acababa con los cultivos de arroz de los que dependían los campesinos para sobrevivir.

Vale la pena volver a leer todos esos documentos oficiales porque son una parte útil de la memoria histórica. La propuesta chino-norcorena podría sentar las bases para negociaciones de mayor alcance con vistas a reducir radicalmente las amenazas y tal vez incluso poner fin a la crisis. Y, contrariamente a muchos comentarios incendiarios, hay razones para pensar que las negociaciones podrían tener éxito, como lo revela claramente el registro. Sin embargo, estas propuestas son rutinariamente rechazadas con el fin de asegurar el poder del Estado.

Veamos entonces más a fondo cómo es que estamos llevando adelante nuestra verificación de la tesis de Mayr. Es decir, ¿qué estamos haciendo para validar su teoría sobre la inteligencia? En marzo pasado, el Buró de Ciencias Atómicas publicó un informe detallado sobre el vasto programa de modernización nuclear iniciado por el presidente Obama, que ahora se lleva a cabo bajo Trump. El informe analiza cómo la modernización de la fuerza nuclear de los Estados Unidos está socavando la estabilidad estratégica de la que depende su supervivencia, y el equilibrio es actualmente muy frágil. Los actuales programas de modernización incluyen (cito), «nuevas tecnologías revolucionarias que aumentarán enormemente la capacidad de focalización del arsenal de misiles balísticos de los Estados Unidos. Este aumento de la capacidad es asombroso; casi triplica el poder de muerte general de las fuerzas de misiles balísticos estadounidenses existentes, y crea exactamente lo que uno esperaría ver si un Estado con armas nucleares planeara tener la capacidad de luchar y ganar una guerra nuclear desarmando a los enemigos con un primer ataque sorpresa». Todo esto tiene «un impacto revolucionario en las capacidades militares e implicaciones importantes para la seguridad global».

Y sí, las implicaciones son muy claras. [...] Por eso, en un momento de crisis —y desafortunadamente hay muchas posibilidades de que suceda—, los líderes rusos pueden verse tentados a emprender un ataque preventivo solo para asegurar la supervivencia, un acto que pondría fin a la vida humana organizada en la tierra. Una vez más, ¿es posible una vía diplomática? Así parece. ¿Se está llevando a cabo?[5] Si así fuera, no es detectable. Todo esto sigue siendo relevante para la tesis de Mayr.

En cuanto a la segunda amenaza existencial, el calentamiento global, cualquier persona con los ojos abiertos debe ser consciente de que los peligros son graves e inminentes. ¿Cómo reaccionamos?

Si bien el país más rico y poderoso de la historia está encabezando el esfuerzo para aumentar la probabilidad del desastre ambiental, **los esfuerzos para evitar la catástrofe ecológica están siendo liderados en todo el mundo por lo que llamamos *sociedades primitivas*: primeras naciones, comunidades tribales, aborígenes.** No muy lejos de aquí, Ecuador, con su gran población indígena, buscó ayuda de los países europeos ricos para mantener sus reservas de petróleo bajo tierra, donde deberían estar; Europa denegó la ayuda. Ecuador también modificó su Constitución en 2008 para incluir los «derechos de la naturaleza» por tener «valor intrínseco». Lo mismo ocurrió en Bolivia, con mayoría indígena. En general, los países con poblaciones indígenas grandes e influyentes están a la cabeza en el intento de preservar el planeta. En cambio, los países que han llevado a las poblaciones indígenas a la extinción o a la marginación extrema están corriendo hacia la destrucción total. Tal vez esto sea algo más en lo que pensar.

---

5 Al día de hoy, la amenaza está representada por la guerra en Ucrania.

No debería ser necesario mencionar los terribles informes sobre amenazas al medio ambiente que aparecen constantemente en las revistas científicas y solo a veces llegan a los medios de información, pero, mientras esto sucede, la bola de demolición republicana está desmantelando sistemáticamente las estructuras que ofrecen esperanza de supervivencia decente. La Agencia de Protección Ambiental en los Estados Unidos, establecida por Richard Nixon —el último presidente liberal—, está siendo prácticamente desmantelada, pero mucho más importante es lo que ocurre en el Departamento de Energía: está previsto que su Oficina de Ciencia pierda novecientos millones de dólares, casi el veinte por ciento de su presupuesto. Incluso la mención del cambio climático está prohibida, mientras se desmantelan las regulaciones y se está haciendo todo lo posible para maximizar el uso de combustibles fósiles, incluidos los más destructivos, como el carbón.

De modo que no solo se trata de Trump y las elecciones primarias; existe una virtual unanimidad entre los líderes del Partido Republicano en este sentido, algo que quedó clarísimo en las primarias republicanas el otoño pasado: el cien por ciento de los candidatos republicanos, o niegan que el cambio climático sea real, o sí lo reconocen pero sugieren no hacer nada al respecto. Con complicidad, esta unanimidad republicana tampoco fue atendida por los medios. De hecho, un estudio de entrevistas y conferencias de prensa con Trump desde que asumió el cargo, el 20 de enero del 2017, encontró que no se le había planteado ni una sola pregunta sobre el cambio climático —que, después de todo, es solo la posición política más significativa de la administración—, lo que aumenta verdaderamente esta amenaza existencial.

La amenaza es sumamente seria. Incluso un aumento del nivel del mar más limitado que el previsto inundará las ciudades y las llanuras costeras; tal es el caso de Bangladesh, donde diez millones de personas tendrán que huir en un futuro bastante cercano y muchas más las seguirán posteriormente. **Los problemas de los refugiados migrantes de hoy serán incomparables con los que vienen con la crisis climática.** El oficial en jefe del Departamento Climático en Bangladesh escribió: «Estos migrantes deberían tener derecho a trasladarse a los países de los que proceden los gases de efecto invernadero. Millones deberían poder ir a los Estados Unidos».

Ahora, ¿cómo se ajusta esto al estado de ánimo actual en Occidente? No me refiero solo a los Estados Unidos, que es un caso extremo, o Gran Bretaña. Una encuesta reciente muestra que la mayoría de los europeos quieren una prohibición total de la inmigración de países de mayoría musulmana. La idea general es que primero los destruyamos y luego los castiguemos por tratar de escapar de las ruinas; se habla de una *crisis de los refugiados* mientras miles de personas se ahogan en el Mediterráneo huyendo de África, donde Europa tiene una historia de enorme responsabilidad. De hecho, **la *crisis de los refugiados* es una grave crisis moral y cultural en Occidente.**

Volvamos al otro mazo, la amenaza nuclear. Las principales potencias nucleares, Estados Unidos y Rusia, están expandiendo los arsenales de manera bastante peligrosa, y los puntos de inflamación se vuelven cada vez más graves, particularmente en la frontera rusa. Nótese que esto ocurre en la frontera rusa,[6] no en la frontera mexicana, como resultado de la expansión de la OTAN justo después del colapso de la URSS, en violación de las promesas verbales a Gorbachov de que la OTAN no se expandiría «una pulgada hacia el Este»

---

6 Nótese la importancia de estas observaciones a la luz de la actual guerra en Ucrania.

si él aceptaba la unificación de Alemania; una concesión bastante notable a la luz de la historia del último medio siglo. La visión de Gorbachov de una *casa común europea,* un sistema de seguridad desde Bruselas hasta Vladivostok sin alianzas militares, es un sueño que se desvanece. George Kennan y otros estadistas de alto rango habían advertido desde el principio que la expansión de la OTAN sería un «error trágico, [un] error de política de proporciones históricas». Y eso ahora está llevando a un aumento de las tensiones en la ruta de invasión tradicional a través de la cual Rusia fue prácticamente destruida dos veces durante el siglo pasado solo por Alemania. Para empeorar las cosas, en 2008 se ofreció la membresía de la OTAN a Ucrania, el corazón geoestratégico ruso, esfuerzos realizados más tarde por Obama y Hilary Clinton.

PEPE. Tengo una especie de angustia en mi intelecto. Pienso que la gran interrogante es si la humanidad tendrá tiempo de enmendar los desastres que ha impulsado sobre la naturaleza o no; este es el gran dilema. Porque la humanidad tiene conocimientos y tiene medios, pero no logra concentrar suficiente decisión política para tomar a fondo las medidas que hay que tomar. Seguimos irresponsablemente tirando cañonazos, buscando petróleo, en fin, y todos sabemos que estamos en la cuerda floja, lo sabemos perfectamente. **La humanidad en su historia ha hecho muchos desastres sin saber, pero ahora lo hace sabiendo, a conciencia de su autodestrucción.** Entonces mi gran preocupación es: ¿tendrá la humanidad tiempo o sucumbiremos en una especie de holocausto ecológico?, ¿o sucumbirá una parte importante de la humanidad por la falta de decisión política en el mundo actual?

Solemos pensar en términos de Estados y no decidimos en términos de especie, y por eso cometemos disparates uno detrás del otro. Ahí está la invasión a Ucrania y ahí está lo que está haciendo Occidente. **Estoy convencido de que no hay crisis ecológica o nuclear, hay crisis política. Hemos desatado una civilización que no tiene mando político, está gobernada por los intereses de mercado; la política quedó subordinada a los intereses de mercado.** Y ahí vamos navegando, irresponsablemente. Y esto se agravó mucho en los últimos años; las cifras son de terror. Diagnósticos, informes, declaraciones científicas, en fin… Es como un diálogo de sordos; la política no organiza las recomendaciones de la ciencia.

Y es cada vez más peligroso, porque el peso de la humanidad, es decir, la influencia de su actividad y su poder tecnológico sobre el planeta se ha transformado en un factor geológico. Hasta hace poco la geología era independiente de nosotros; los humanos teníamos que lidiar con las desgracias ecológicas y era como una lotería. Pero ahora los humanos tenemos tal peso arriba de la Tierra que incidimos sobre el rumbo del planeta, y así somos como un gigantesco aprendiz de brujo influyendo en las claves de la vida. Y la vida responde con cambios y crea nuevas cosas permanentemente, no es pasiva.

Creo que la primera vez que algunos humanos se dieron cuenta de que habían adquirido ese nivel de influencia en los ciclos de la vida fue en la época de Darwin, gracias a unas chinches que cambiaron de color viviendo en el Londres industrial del siglo XVIII, que estaba cubierto de polvo y nubes de carbón. Hubo unas chinches que siendo blanquitas se empezaron a hacer negras. Eso llamó mucho la atención en su tiempo y creo que es un problema que vino para quedarse.

NOAM. Justo esta mañana conseguí en Internet un libro de un científico australiano muy conocido, un científico del clima. El libro se llama *El Plutoceno.* Como vimos, a partir de la Segunda Guerra Mundial, la era geológica actual se llama Antropoceno, que es el período en el que la actividad humana está dañando severamente el medio ambiente y actuando como una fuerza geológica. Pero ahora Andrew Glikson está argumentando que ya hemos pasado el Antropoceno y estamos entrando en una era llamada Plutoceno, en la que el ecosistema terrestre estará determinado por la cantidad de plutonio en el ambiente. Los humanos estarán restringidos a pequeños grupos de cazadores y recolectores en las áreas polares, y el resto del mundo estará tan contaminado por la radiación y el plutonio, además de, por supuesto, el calentamiento global, que será inhabitable. Como van las cosas, no es una perspectiva poco realista.

PEPE. Realmente es descorazonador. No podemos ver la realidad sino a través de un formidable dilema pesimista. No sé si un milagro nos pueda sacudir, pero tengo mis dudas.

NOAM. Muy cierto, las señales son descorazonadoras, algunas de las peores están en el círculo polar ártico, en el norte, que es una zona crítica para la regulación del sistema climático global, pues no solo afecta a los océanos, sino todos los patrones climáticos del planeta. Esta zona se está calentando a una velocidad mucho mayor que otras partes del globo, donde la situación también es grave, pero en el Ártico es mucho peor. Y esto tiene un efecto de autorreforzamiento: cuanto más hielo ártico se derrite, más agua oscura se expone y más radiación solar es absorbida en lugar de ser reflejada de vuelta a la estratósfera por el hielo, lo que acelera el proceso. El permafrost, que contiene inmensas cantidades de carbono almacenado, se derrite y se libera por primera vez como nunca en la historia registrada; eso libera metano en el aire —que es un gas muy letal, mucho más que el CO_2—, lo cual va a acelerar aún más las cosas.

Pero observemos también el resto del mundo. En lugares como la India, donde el diez por ciento de la población tiene aire acondicionado, los campesinos pobres están intentando sobrevivir con temperaturas que llegan a alcanzar los cincuenta grados Celsius, con gran humedad, y eso ocurre ahora, pero en el futuro será aún peor. Los lugares donde nosotros [Noam y su esposa Valeria] vivimos, como el sudeste de Estados Unidos, pronto serán desiertos; el agua ya se está acabando. Adonde mires, nos dirigimos a la catástrofe.

Existen razones para creer en que aún tenemos una pequeña ventana de oportunidad para cambiar este rumbo. Existen propuestas detalladas y factibles sobre cómo detener el declive y avanzar hacia lo que sería un mundo mucho mejor, pero tenemos poco tiempo para llevarlo a cabo. Lo que está en cuestión es si tendremos la capacidad moral de superar estas tendencias en la sociedad humana y la historia. **Hasta ahora la evidencia no es muy alentadora, pero ver a los jóvenes protestando por lo que se ha hecho con su futuro es un rayo de esperanza, y todo lo que podemos hacer es dedicar nuestros esfuerzos a apoyar tanto como podamos los esfuerzos que están llevando a cabo.**

SAÚL. Esos son los jóvenes de hoy, o por lo menos algunos de ellos, pero ¿creen ustedes que los líderes políticos y económicos del mundo actual estén a la altura de los retos del siglo XXI?

PEPE. *No.* Yo pienso que existe un divorcio muy grande entre las conclusiones a las que llega la ciencia contemporánea y las decisiones políticas, que ni se inmutan ante los presupuestos que inequívocamente planteó hace tiempo la ciencia. No puede ser que hace treinta años nos dijeran en Kioto lo que iba a pasar ¡y la tranquilidad burocrática con la que el mundo se quedó quieto! Esta es la limitación que tiene el hombre, pues no es que nos falte el conocimiento, es que no usamos el conocimiento para defender la vida.

NOAM. Tampoco creo que los líderes políticos estén a la altura, no los que hay ahora. Pienso que ellos están fundamentalmente escuchando a las poderosas fuerzas económicas de la sociedad y nada más. Imagina, por ejemplo, a algún congresista de los Estados Unidos: esta persona claro que puede entender las advertencias de la ciencia, pero solo está escuchando a las corporaciones que financiaron su campaña. Por eso la campaña de Sanders fue tan significativa: porque mostró por primera vez que es posible desarrollar un gran movimiento político sin financiamiento corporativo. Ese es un cambio dramático y las personas han aprendido la lección: pueden hacer cosas ellas mismas, con independencia de la estructura de este sistema político financiado por el mundo corporativo. Y todo esto puede llegar muy lejos.

La izquierda, como todos los demás, debe reconocer el hecho de que por primera vez en la historia humana estamos enfrentando decisiones que determinarán si nuestra especie sobrevivirá o no. Las amenazas son muchas. Así como la guerra nuclear es un problema inminente y la catástrofe ambiental es un reto impostergable, la probabilidad de pandemias[7] es muy alta. El uso masivo de antibióticos en la producción industrial de animales está causando problemas con un peligro potencial extraordinario, sentando así las bases para pandemias que

7 A la luz de la pandemia ocurrida en 2020, una reflexión profética realizada en 2017.

podrían ser desastrosas si los antibióticos pierden su eficacia, lo cual está mucho más allá de nuestra capacidad para desarrollar antibióticos nuevos. En particular, la producción de carne, que es en primer lugar un importante contribuyente al efecto invernadero que genera el calentamiento global, implica el uso masivo de antibióticos. Los animales son apretados en condiciones insalubres y los llenan de antibióticos para mantenerlos vivos y saludables, lo que conduce a una rápida mutación de bacterias letales que fácilmente podrían superar la eficacia de los antibióticos. Esto está comenzando a suceder; algunas enfermedades ya no se pueden controlar y el fenómeno irá en aumento, con consecuencias extremadamente peligrosas. Entonces, hay desafíos realmente serios, desafíos que nunca antes se habían presentado en la historia de la humanidad y deben abordarse de manera expedita, efectiva y muy rápida.

Podemos también hablar del plástico en los océanos. Algo tan simple como eso amenaza la existencia de toda la vida marina, lo que tendrá el efecto de amenazar la vida humana. Las especies están desapareciendo a un ritmo más rápido que en cualquier otro momento en los últimos setenta millones de años. Lo que quiero decir es que hay un problema tras otro, de enorme alcance, que debe abordarse rápidamente. Y *rápidamente* significa ahora, en esta generación.

Más allá de todo esto, debe superarse el modelo de sociedades jerárquicas y represivas en las que solo unos dan las órdenes y el resto debe obedecerlas. Todas estas son grandes tareas para la izquierda. Es fundamental que las personas dejen de estar dispuestas a aceptar condiciones sociales en las cuales solo siguen órdenes, lo cual es algo nuevo en el capitalismo. Si observamos las primeras etapas de la industrialización, los trabajadores consideraban el esclavismo asalariado como algo casi igual al esclavismo clásico. ¿Por qué seguir las órdenes de otro? Con el tiempo, esto se ha construido en la conciencia general como algo normal, y tiene que ser eliminado de la conciencia.

PEPE. **Pienso que en las próximas décadas el mundo también va a soportar convulsiones muy fuertes en el campo de la organización del trabajo y la distribución del ingreso, porque la revolución tecnológica es demasiado veloz y la sociedad no logra acompañar esos cambios.** Así que viene una época de cataclismos. La robótica se nos viene encima, pero no se nos viene encima una distribución salarial proporcional a ese aumento de la productividad, y eso va a crear condiciones muy difíciles. La izquierda tiene que luchar por la civilización, por estas cosas de las que estamos hablando. Pero no todo es poético ni todo es catastrófico; va a depender de lo que haga la voluntad organizada de mucha gente.

SAÚL. Profesor, ¿ve usted la posibilidad de cambios revolucionarios durante el siglo XXI? Por *revolucionarios* me refiero a aquellos de tal envergadura que transformen el modelo global de raíz y construyan una civilización sostenible.

NOAM. Bueno, si veremos o no cambios revolucionarios en el siglo XXI aún no lo sabemos, pero insisto en que debe haber cambios muy significativos específicamente en la forma en que se organiza la sociedad; de lo contrario, el problema no tiene solución. **La idea de desarrollo, producción e interacciones basados en el mercado tiene peligros intrínsecos y ahora consecuencias letales.** Eso que llaman *mercado* se basa en ignorar las externalidades, que son el efecto que tiene una transacción en lo demás, lo cual se traduce en todo tipo de problemas y hoy significa la destrucción del medio ambiente. Si esto no es superado de alguna manera, estamos acabados.

En segundo lugar, **la idea misma de que las personas deben suscribir un contrato social por el que algunas reciben órdenes de otras es intrínsecamente ilegítima, y eso debe ser superado.** Esto significa el control democrático de las instituciones públicas, pero incluye también el control de las empresas productivas por sus trabajadores, como es el caso de las empresas cooperativas. El sistema internacional debe estar constituido por las personas que participan en él, sin jerarquías intrínsecas, y esos son cambios que se podrían llamar revolucionarios.

PEPE. Cuando yo era joven creíamos que los de izquierda luchábamos por el poder. Ahora creo que la lucha es por la civilización.

NOAM. Cierto. Y, sin una acción seria, en un lapso no muy largo podríamos llegar al punto en que la vida humana organizada sea algo que oscile entre lo difícil y lo imposible.

b. Batalla cultural

PEPE. Mi generación cometió un error de ingenuidad: creyó que el cambio social era solo cambiar las relaciones de producción y distribución en la sociedad, y no se dio cuenta del papel que cumple la cultura. El capitalismo es también una cultura, y hay que contestarle con una cultura distinta; por eso debemos practicar una cultura distinta. Creo que todo esto es la lucha de la solidaridad contra el egoísmo.

NOAM. Bueno, es bastante interesante ver cómo se desarrolla la cultura. Si observas algunas de las mayores contribuciones culturales del período moderno, verás que se originaron en algunos de los campos de trabajo esclavo más horribles que hayan existido en la historia humana, como el sur negro de los Estados Unidos, que es la fuente del blues, del jazz, de la música moderna más innovadora. La cultura es algo muy extraño, algo que la gente tiene adentro; simplemente la desarrolla y la cultiva en condiciones horrendas, así que pienso que es un impulso interno que las personas de alguna manera sacan a relucir. Y lo que podemos tratar de hacer es ayudar a crear las condiciones en las cuales esos impulsos naturales puedan florecer. **Lo que la izquierda debe hacer es ayudar a crear las condiciones en las cuales esos instintos humanos naturales puedan desarrollarse y florecer.**

Creo que una de las mejores declaraciones del marxismo fue que el comunismo que [Karl Marx] esperaba era uno capaz de lidiar con los problemas animales del hombre, pero dejando libres los problemas humanos del hombre. En el mejor de los casos, liberar a las personas, como dijo Marx, para que enfrenten sus problemas humanos sin los impedimentos, barreras y restricciones impuestos por las diversas sociedades represivas, incluida la sociedad capitalista. Eliminar esas cadenas y dejar que las personas sean libres para explorar sus propios instintos y capacidades naturales.

PEPE. Cierto, pero en este caso no me refiero a esa cultura que se vende, a la danza en los teatros o a la música profesional. Todo eso es importante, claro, pero cuando hablo de la cultura me refiero a las relaciones humanas, a ese conjunto de conceptos que gobiernan nuestras relaciones sin que nos demos cuenta. Es ese conjunto de tácitos valores que están determinando la forma en que se relacionan millones de personas anónimas en el mundo entero.

SAÚL. Desde ese ángulo, creo que hay ciertos rasgos distintivos de esa cultura capitalista a la que usted se refiere, don Pepe. Como el consumismo, por ejemplo.

PEPE. Claro. El consumismo es parte de esa cultura; es una ética funcional a las necesidades del propio capitalismo en su lucha por la acumulación infinita. El peor problema del capitalismo sería que dejáramos de comprar o que compráramos muy poco; eso sería intolerable para el capitalismo [dice riendo]. Y esto ha generado una cultura que nos envuelve, que nos rodea, en la cual estamos inmersos y que es funcional a eso. **Un sistema social no es solo unas relaciones de propiedad; es además un conjunto de tácitos valores que comulgan con el común de la sociedad, y eso, que es más fuerte que cualquier ejército, es la principal fuerza del capitalismo en esta etapa.**

NOAM. Y hay razones detrás de eso. En el sistema doctrinario de la sociedad capitalista de Estado hay un esfuerzo tremendo por separar a las personas unas de otras, para eliminar así la única forma en que las personas pueden enfrentar la acumulación del capital: trabajando en conjunto y solidariamente. Por lo tanto, **la industria de la propaganda está naturalmente dirigida a tratar de separar a las personas y socavar la solidaridad.** Ese es el punto del consumismo y la industria de las relaciones públicas, la industria de la publicidad, esa que dedica cientos de miles de millones de dólares al año para tratar de convencer a las personas de que se concentren solo en su propio consumo individual y no a trabajar con otras. Es un esfuerzo impresionante, mucho más allá de cualquier agencia de propaganda estatal. Todo esto es muy consciente, lo entiendes leyendo literatura empresarial; ellos saben exactamente lo que están haciendo.

Estas industrias de propaganda se desarrollaron primero en las sociedades más libres, en Gran Bretaña y los Estados Unidos, donde los líderes empresariales conservadores entendieron que ya no podían controlar a la gente por la fuerza, pues demasiada libertad se había ganado ya; ahora era necesario distraer a la gente de la acción pública coordinada. Esto significa acabar con los sindicatos de trabajadores, claro, pero también orientar masivamente a la población a las cosas superficiales de la vida, como el consumo de moda, por ejemplo. Y si logras crear un mundo en el que la unidad social sea una dupla —tú y tu televisor y nada más, tú y ese centro comercial, tú y ese celular...—; si logras eso, entonces puedes controlar a las personas porque no trabajan juntas.

PEPE. Entonces, como verás, [Saúl,] mi generación creyó que iba a cambiar el mundo tratando de nacionalizar los medios de producción y de distribución, y no supo entender a tiempo que en el centro de toda esta batalla debe estar la construcción de una cultura distinta. No puedes construir un edificio socialista con albañiles que en el fondo son capitalistas también. ¿Por qué? Porque se van a robar las varillas, se van a robar el cemento, porque están buscando solucionar solo lo suyo, porque así estamos formados, en ese individualismo. Entonces, mi generación, que es hija del racionalismo y tiene una visión programática de la historia, no entendió que los seres humanos frecuentemente decidimos con las tripas y después la conciencia construye argumentos para justificar las decisiones que tomaron las tripas; es decir, elegimos mucho más con el corazón, y ahí la cultura pasa a ser una cuestión vital porque atempera nuestra irracionalidad.

Por ejemplo, ¿qué pasó con nuestros liderazgos [de izquierda]? Los cuadros de dirección están enfermos e inmersos en esa misma cultura, y por eso su forma de vida no es un mensaje coherente con su lucha. Mira, a mí me hicieron pinta de presidente pobre, ¡no entendieron un carajo! Yo no soy pobre; pobre es el que precisa mucho. Mi definición es estoica. Y es que, si el mundo no aprende a vivir con cierta sobriedad, a no despilfarrar, a no desperdiciar, si no aprende esto pronto, nuestro mundo no va a resistir. El afán del dinero lo que incita es que sigamos comprando permanentemente cosas nuevas, porque eso es lo que permite la acumulación, pero sostener la vida del planeta significa que tenemos que aprender a vivir con lo necesario y no despilfarrar; es exactamente al revés. Ahora, como verás, esta lucha es una épica de carácter cultural.

Lo que pasa es que nosotros, los de izquierda, tenemos que darnos cuenta de que debemos reconstruir un arsenal de pensamiento que ya no es el que tuvimos; pero esto tampoco significa pasarnos al capitalismo. ¡Hay que recrear una cultura de izquierda! Cuando empezamos a comparar en los planes quinquenales solo la productividad y las toneladas de acero que se producían en un lado y en el otro [Oriente y Occidente], sonamos [fracasamos], se nos acabó la creatividad en materia de ideas y de cosas. Queríamos hacer lo mismo que el capitalismo, pero en más cantidad. Y en el fondo todo esto tiene que ver con el buen vivir, los valores que podemos acariciar en la vida, las cosas que podemos ambicionar. El sentido del límite. Nada en demasía, como decían los griegos; nada en demasía.

La izquierda, para empezar, tiene que ser fiel a otra escala de valores, y por eso insisto en el problema de la cultura, en el problema del compromiso y en el problema de revalorizar ciertas cuestiones de la vida que el capitalismo no atiende. Hay mucha tristeza en nuestras sociedades llenas de riqueza. Somos sociedades de gordos, somos sociedades de sobrealimentados, somos sociedades ahogadas por la cantidad de basura que hacemos; infestamos todo, compramos cosas que no necesitamos y después vivimos desesperados pagando cuentas. Todo eso… ¡hay que plantear otra forma de vivir! [manotea la mesa y ríe]. **Para mí, la izquierda tiene que ser más revolucionaria que nunca.**

SAÚL. Para ser más específicos, ¿qué significa eso?

PEPE. Significa vivir como se piensa, porque de lo contrario terminamos pensando como vivimos. Hace cincuenta años soñábamos con producir [la Unión Soviética] las mismas toneladas de acero que estaba produciendo Estados Unidos, para superarlo, y comparábamos los planes quinquenales con lo que estaba pasando en la economía, cuando en realidad debimos habernos preocupando por que la gente viva más feliz y que haya mejor distribución de los recursos que tenemos.

SAÚL. Y en lo individual, ¿no cree usted que deberíamos también pensar que el revolucionario del siglo XXI ya no puede ser quien tome el poder para repartirlo, sino quien reparta el poder sin tomarlo? Es decir, que este gran cambio de paradigma incluya la autodeterminación colectiva como el objetivo central. Se lo menciono porque la izquierda que llega al poder, la burocrática y electoral, pareciera que siempre olvida esto.

PEPE. Eso es cierto, sin duda. Pero ¡cuidado! El poder no existe, el poder en el sentido absoluto no existe; existe en escalones. Hay una disputa que es eterna y permanente [entre izquierda y derecha], pero… Sí, eso es muy cierto, te lo decía hoy: la lucha es por una sociedad autogestionaria, aprender a ser jefes de nosotros mismos y ser jefes colectivos de nuestros proyectos comunes. Estas cosas las tendrá que ir discutiendo la nueva izquierda. **Yo creo en la existencia permanente de la izquierda arriba del planeta, pero no va a ser la izquierda que fue. Lo que fue ¡fue!, ¡ya pasó! La izquierda tendrá que ser distinta porque el tiempo cambia. La única cosa permanente es el cambio.** Y por eso lo que yo más le agradezco a Noam es su lucha por la libertad de pensamiento, que es la clave en todo esto.

Entonces, claro que sí. Mirá, [Saúl,] yo no le voy a poner freno ni obstáculo a la creación de nuevas partituras revolucionarias. ¡Por el contrario! Pero no tengo una fórmula mágica. Sin embargo, me parece que hay que alentar la creatividad, porque estamos en un mundo con una vieja izquierda que vive con demasiada nostalgia, a la que le cuesta darse cuenta de por qué fracasó y le cuesta enormemente imaginar nuevos caminos hacia adelante. Creo que es un tiempo de mucho ensayo, de mucha experimentación y de creatividad. Y para eso hay algunos parámetros que podemos seguir, pues, como decía, mi generación no le dio importancia al papel de la cultura. Y, como dije, no me refiero a esa cultura que se vende, que cultiva las bellas artes y todo eso. No, me refiero a la cultura inherente a las relaciones comunes y corrientes que tiene la gente, que en el fondo es la etapa más fina del capitalismo y que le da al acontecer de la vida cotidiana funcionalidad para que siga la acumulación capitalista, nada más y por encima de todo.

La cultura en la cual estamos embebidos, de la cual estamos rodeados, solo es funcional a la multiplicación de la ganancia y la acumulación individual. Y eso es mucho más fuerte que el ejército y que el poder militar y todo lo demás, porque **esa cultura está determinando las relaciones permanentes de millones de personas anónimas en el mundo entero. ¡Y eso es mucho más fuerte que la bomba atómica!** Entonces, cambiar un sistema sin enfrentar el problema de un cambio cultural es inútil. Debemos construir un nuevo sistema y paralelamente una nueva cultura, una nueva ética, porque, si no, sucede lo que vimos con la Unión Soviética, que dio una perfecta vuelta de trescientos sesenta grados para estar en lo mismo… ¡pero mucho peor! Entonces, tenemos que aprender de esa derrota, ¿verdad?

c. Disrupción tecnológica

NOAM. Y aquí viene otra gran tarea para la izquierda: se acerca un período en el que la automatización podrá hacerse cargo de gran parte del trabajo aburrido, estúpido y peligroso que realiza la gente. En el sistema social correcto, esto liberaría a las personas para emprender un trabajo verdaderamente creativo y satisfactorio, y creo que actuar para crear estas condiciones es una tarea muy importante para la izquierda del siglo XXI.

SAÚL. Don Pepe, ¿usted qué problemas identifica con relación al inminente fenómeno de la automatización del trabajo?

PEPE. **El problema más grave es que los robots pueden sustituir al hombre con ventaja en muchísimas cosas, pero los robots no consumen, y van a trabajar para el dueño de los robots. Y los que no son dueños de los robots ¿de qué viven?** Entonces el problema no es la robótica; es efectivamente el sistema que tenemos, el capitalismo. La robótica es maravillosa como técnica; el problema es quiénes controlan todo eso. Se van a necesitar políticas fiscales que permitan redistribuir. Los dueños de los robots tendrán que aportar mucho más. Eso entra ya en el tema de la renta básica, por lo menos, del impuesto Tobin y todo eso.

NOAM. Efectivamente, estos no son problemas de la automatización, son problemas de la sociedad. Y la tarea de la izquierda es crear una sociedad en la que los impactos negativos de la tecnología no sean prominentes. La tecnología como tal es algo neutral, igual que un martillo: puedes usarlo para romperle la cabeza a alguien o puedes usarlo para construir una casa; al martillo no le importa. Es lo mismo con la automatización: puedes usarla de la manera que estás describiendo en una sociedad capitalista o puedes usarla para liberar a las personas a fin de que puedan hacer el trabajo independiente y creativo que las motiva, para eliminar esas tareas aburridas, peligrosas y rutinarias. La automatización puede ir en cualquiera de estas dos direcciones; por eso **la tarea de la izquierda es crear condiciones sociales y culturales en las que los aspectos benignos y constructivos de la tecnología y la automatización sean los prominentes.**

Es un problema social y no tecnológico, y la tecnología puede ser salvadora. Por ejemplo, en materia ecológica, la única manera de solucionar el problema es seguir avanzando tecnológicamente. Los paneles solares, por ejemplo, pueden hacer una gran diferencia en la generación de energía sostenible, y la energía eólica también. Uno de los aspectos importantes de la tecnología solar es que puede ser un sistema distribuido y no centralizado, y esto es muy importante. Las empresas energéticas siempre están tratando de evitar su uso porque afecta sus ganancias, pues es capaz de aumentar la democracia popular dado que cualquiera puede poner sus propios paneles solares en casa. Creo que debemos avanzar en ese sentido.

Entonces, la automatización puede servir para destruir la fuerza obrera o de los trabajadores, pero también se puede utilizar en sentido contrario, para avanzar en cualquiera de estos dos sentidos. Este no es un problema nuevo y tenemos que ser conscientes de lo que ha pasado. El trabajo más meticuloso sobre este tema lo llevó a cabo David Noble, un historiador de la tecnología que desafortunadamente falleció hace poco. En los años sesenta Noble estudió lo que llaman *control numérico de las máquinas,* que se refiere básicamente a las distintas formas de control de las máquinas por medio de computadoras, algo muy relevante hoy en día. Existen maneras alternativas de diseñar la tecnología: una de ellas es poner en manos de mecánicos capacitados el diseño descentralizado de las máquinas y otra opción es colocar ese poder en manos del poder corporativo centralizado. Había razones para ir en un sentido o en otro, pero ya sabemos que la opción que ha imperado es poner todo el poder en las manos gerenciales de las corporaciones.

Estas son decisiones políticas y sociales sobre cómo utilizar la tecnología, y la misma pregunta se hace ahora con la robótica: ¿será esta tecnología utilizada para dominar y centralizar el poder, o para que las personas trabajadoras se liberen de las tareas aburridas, estúpidas y peligrosas que realizan hoy en día y puedan dedicarse actividades creativas que verdaderamente aporten a la sociedad y a ellas mismas? Bueno, podemos ir en cualquiera de estas dos direcciones, como siempre, pero la opción liberadora dependerá de la organización social, el activismo y la participación de la gente.

Tomemos las tecnologías de la información. Estas pueden ser utilizadas por los gobiernos para controlar a la población —me refiero a corporaciones como Google y Facebook, que tienen inmensas cantidades de datos de cada individuo en este planeta y esos datos se pueden utilizar fácilmente para controlarlos—, **pero estas tecnologías de la información también podrían utilizarse para el control democrático y participativo de la economía, proporcionando información en tiempo real a los trabajadores a cargo de las empresas productivas para tomar colectivamente las mejores decisiones.** La tecnología es básicamente neutral; puede utilizarse con cualquier propósito. Todo depende de cómo diseñemos las estructuras sociales y cómo se tomen las decisiones, y este es un tema de participación popular. Primero hay que comprender cómo funciona todo esto y después reconocer el potencial liberador y democrático que tiene, para construir un sistema social capaz de explotar ese potencial en beneficio de la libertad y la democracia. Creo que esa es una esperanza real e importante para el futuro.

PEPE. Sí, es un mundo desafiante. ¿Serán el mercado y sus jerarcas o la humanidad quienes definan el futuro? Esta es la cuestión. Hay que empezar por entender que somos parte de los equilibrios de la vida, y que en realidad la clave es mantener esos equilibrios ecosistémicos. Es muy probable que dentro de cincuenta años haya gente a la que le cambien el hígado, el páncreas, el corazón, que se los reproduzcan o impriman con su propio tejido y esa persona pueda vivir ciento cincuenta o doscientos años. Es muy probable, pero en todo caso será para los que tienen mucha plata, y esa será una de las injusticias más grandes que ha visto el hombre arriba de la tierra, porque no será para todos, será para algunos privilegiados. Por primera vez se podrán comprar años de vida con plata. ¡Esa humanidad no me gusta nada! Me gustaría una humanidad que se preocupe de que vivan todos los bichos que nos acompañan, que los pájaros sigan cantando. Si de pronto la inteligencia artificial tiene capacidades que nos ayuden a gobernarnos mejor, exploremos eso, pero lo penoso es cuando esas oportunidades pasan por el filtro del bolsillo de unos cuantos. **El avance de la economía y de la tecnología, si tiene un destino de crear y tratar de multiplicar la felicidad humana, bienvenido. De lo contrario, puede ser un mundo desastroso; podemos ver un tipo de dictadura que nunca ha visto la tierra.**

SAÚL. Don Pepe, ¿no sería importante, sobre todo para los jóvenes, buscar una legislación oportuna antes de que este problema nos avasalle? Porque el avance de la tecnología seguirá siendo exponencial, y las amenazas de la disrupción tecnológica son inminentes.

PEPE. La culpa no la tendrá la inteligencia artificial. El problema es quién la maneja y para qué se maneja. Volvemos al mismo problema que tenemos hoy: ¿estará eso en favor del interés de una minoría o en favor de la humanidad? Entonces hay en el fondo una cuestión moral, una cuestión filosófica de por qué luchamos, y la respuesta va a depender de la capacidad que tengan los humanos de enfrentar esto, porque las leyes que se cumplen son solo aquellas que tienen respaldo humano y se hacen cumplir. El cementerio de las buenas leyes muertas es infinito; lo principal es que existan fuerzas sociales. **Por eso los jóvenes tienen que aprender que hay que juntarse con los que piensan parecido y luchar, luchar con grandeza y darle a la vida una causa para vivirla.**

Al fin y al cabo, ¿cuál es el destino de los jóvenes contemporáneos?: ¿envejecer pagando cuentas?, ¿confundiendo la felicidad con comprar una cosa nueva y tener una nueva después, así hasta que sean viejos? Vale la pena luchar por un mundo mejor donde las sociedades puedan influir en las decisiones que se toman en estas cosas tan fundamentales. Tenemos por delante el acortar la jornada de trabajo, tenemos por delante que las máquinas que piensan contribuyan a la seguridad social —porque la población va envejeciendo cada vez más—, tenemos por delante infinitos capítulos de lucha, y eso habrá que enfrentarlo, pero habrá que enfrentarlo con gente que no solo piensa en sí, sino que piensa en los demás también.

[1]

[2]

[1] Marcha de Yo Soy 132 en la avenida Reforma de la Ciudad de México. Mayo de 2012.
Fotografía: Sección Ciudad del periódico *Reforma*
[2] Julian Assange muestra su apoyo al Yo Soy 132 desde la embajada ecuatoriana en Londres, Inglaterra.
Fotografía: Cristina Rodríguez / *La Jornada*

[3]

[3] Hacia el sur. Sobrevolando el río Amazonas. 2013
[4] Hacia arriba. Explorando los Andes bolivianos. 2014
[5] Hacia adentro. A las afueras del pueblo de Urcuquí, Ecuador. 2016. Fotografía: Jorge Andrés Gómez Valdez

[4]

[5]

[6]

[6] Retrato y cita de Bertrand Russell, cita del arzobispo Óscar Romero, retrato del poeta Rabindranath Tagore y un muñeco zapatista. Oficina de Noam Chomsky en el Massachusetts Institute of Technology (MIT), Boston, EUA. Octubre de 2016. Fotografía: María Ayub

[7] Escritorio de Noam Chomsky en su oficina del Massachusetts Institute of Technology (MIT), Boston, EUA. Octubre de 2016. Fotografía: María Ayub

[8] Noam Chomsky y Saúl Alvídrez. Oficina de Noam Chomsky en el Massachusetts Institute of Technology (MIT), Boston, EUA. Octubre de 2016. Fotografía: María Ayub

[7]

[8]

[9]

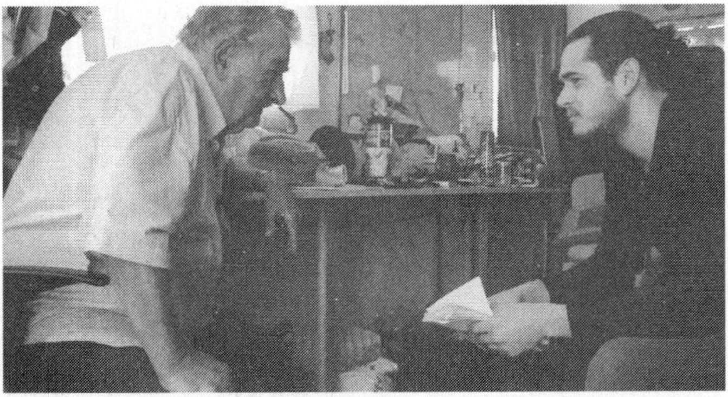

[10]

[11]

[9-11] Casa de Pepe Mujica, Rincón del Cerro, Uruguay. 12 de enero de 2017. Fotografía: Emiliano Mazza De Luca

[12]

[13]

[12-13] Pepe Mujica y Lucía Topolansky a la espera de sus invitados. Rincón del Cerro, Uruguay. Julio de 2017. Fotografía: María Secco

[15]

[14-15] Llegada de Noam Chomsky y Valeria Wasserman a la casa de Pepe Mujica y Lucía Topolansky en Rincón del Cerro, Uruguay. Julio de 2017. Fotografía: María Secco

[16]

[17]

[16-17] Pepe Mujica regala a Noam Chomsky una réplica del diario que tenía el Che Guevara cuando fue aprehendido y asesinado en Bolivia. Rincón del Cerro, Uruguay. Julio de 2017. Fotografía: María Secco

[18]

[19]

[18] Pepe Mujica lleva a Noam Chomsky y a Valeria Wasserman al quincho (cabaña) de sus vecinos, la familia Varela, en donde suelen recibir a sus invitados y compartir un tradicional asado. Rincón del Cerro, Uruguay. Julio de 2017. Fotografía: María Secco
[19-20] Antes de disfrutar el asado, Noam y Pepe continúan la conversación que habían dejado inconclusa en la casa de la familia Mujica. Quincho de Varela, Rincón del Cerro, Uruguay. Julio de 2017. Fotografía: María Secco

[21]

[23]

[24]

[22]

[25]

[21-22] Quincho de Varela, Rincón del Cerro, Uruguay. Julio de 2017. Fotografía: María Secco
[23] Detrás de cámaras. Pepe Mujica, Saúl Alvídrez y Noam Chomsky. Quincho de Varela, Rincón del Cerro, Uruguay. Julio de 2017. Fotografía: María Secco
[24] El asado está casi listo. Quincho de Varela, Rincón del Cerro, Uruguay. Julio de 2017. Fotografía: María Secco
[25] Después de disfrutar la comida, la charla continúa. Quincho de Varela, Rincón del Cerro, Uruguay. Julio de 2017. Fotografía: María Secco

[26]

[27]

[**26-27**] Hay miradas que dicen más que mil palabras. Quincho de Varela, Rincón del Cerro, Uruguay. Julio de 2017. Fotografía: María Secco

[28] El día está por terminar. Quincho de Varela, Rincón del Cerro, Uruguay. Julio de 2017. Fotografía: María Secco

[29]

[30]

[29-30] Dirigiendo y traduciendo la conversación. Quincho de Varela, Rincón del Cerro, Uruguay. Julio de 2017. Fotografía: María Ayub

d. Neoliberalismo y neofascismo

NOAM. Aquellos que tienen la edad suficiente para recordar la década de 1930, como yo, no pueden dejar de alarmarse por el actual surgimiento de los partidos neofascistas; incluso en Austria y Alemania, y no solo allí. Y los recuerdos amargos no son fáciles de reprimir, sobre todo cuando la mayoría de los europeos piden que se prohíba la entrada de todos los musulmanes a Europa.

Muchos quieren revertir los verdaderos logros de la Unión Europea, como la libre circulación de poblaciones y la erosión de las fronteras nacionales, que es bastante coherente con el fortalecimiento de la diversidad cultural en las sociedades liberales y humanas. Claro que no podemos atribuir todo esto al asalto neoliberal en Occidente, pero es un factor común y significativo. Las políticas neoliberales están dirigidas específicamente a socavar el poder regulatorio del Gobierno, y por lo tanto socavan su capacidad para evitar la catástrofe ecológica y nuclear, por ejemplo. Pero los efectos son aún más profundos. En la medida en que una sociedad sea democrática, el poder del Gobierno es el poder de la población, de modo que la disminución de la democracia es una característica directa de los programas y principios neoliberales. Estos programas, por su propia naturaleza, tienden a concentrar la riqueza en muy pocas manos, mientras la mayoría se estanca o decae. Y una democracia funcional se erosiona como efecto natural de la concentración del poder económico, pues este último se traduce inmediatamente en poder político por medios comunes, pero también por razones más profundas y basadas en principios.

La doctrina neoliberal afirma que la transferencia de la toma de decisiones del sector público al «mercado» contribuye a la libertad individual, pero la realidad es muy diferente. Ese poder de decisión se transfiere de instituciones públicas en las que la gente tiene algo que decir —en la medida en que la democracia esté funcionando— a tiranías privadas en las que el público no tiene nada que decir. Estamos hablando del dominio total de la economía por las corporaciones. Estas políticas públicas están dedicadas a asegurar que se cumpla aquella famosa frase de «la sociedad ya no existe». Esa es la famosa descripción de Margaret Thatcher del mundo que ella percibía o, más bien, que esperaba crear; es decir, transformar a la sociedad en una masa amorfa que no puede funcionar por sí misma. **En el caso contemporáneo, el tirano ya no es un gobernante autocrático, al menos en Occidente, sino concentraciones de poder privado y burocracias libres del control público.** Tampoco hay garantía de que una democracia en funcionamiento, con una población informada y comprometida, conduzca a políticas que aborden las necesidades y preocupaciones humanas, incluida la preocupación por la supervivencia, pero es nuestra única esperanza.

SAÚL. Hace poco usted hizo unas declaraciones muy polémicas sobre el Partido Republicano en este sentido, ¿cierto?

NOAM. Bueno, hice dos declaraciones al respecto. Una es que **el Partido Republicano es la organización más peligrosa en la historia de la humanidad,** y la segunda es que efectivamente esa es una declaración escandalosa. Pero entonces, naturalmente, viene una pregunta inevitable: ¿es esto verdad? Bueno, yo creo que es verdad. Es indignante, pero es verdad. Nunca en la historia de la humanidad ha habido una organización dedicada a políticas que definitivamente conduzcan a la destrucción de la posibilidad de una vida humana organizada.

SAÚL. ¿Podríamos entonces considerarlo [al Partido Republicano] peor que ISIS?

NOAM. ¿Está ISIS comprometido con la destrucción de la sociedad humana? Por supuesto que el Partido Republicano no dice que ese sea su compromiso; es que las políticas que está impulsando tienen esa consecuencia. Y no es solo Donald Trump. Como mencioné, si echas un vistazo a las elecciones primarias republicanas de noviembre pasado,[8] verás que todos los candidatos, sin excepción, niegan que el calentamiento global esté ocurriendo, o bien, si reconocen que está ocurriendo, argumentan que no deberíamos hacer nada al respecto. Estamos hablando de un cien por ciento de la organización, y curiosamente casi no hay comentarios sobre eso.

Otro elemento inusual en la derecha de los Estados Unidos es su comunidad evangélica, que es extremadamente poderosa.

PEPE. En Sudamérica también, y es un movimiento muy conservador.

NOAM. Ahora los evangélicos están muy alineados con el electorado republicano. Esto lo digo solo para ilustrar que la mayoría de los republicanos piensan que una educación universitaria es dañina, por ejemplo.

---

8 Se refiere a noviembre de 2016.

PEPE. Acá en el sur de América el movimiento evangélico también ha penetrado fuerte. En Brasil, sobre todo.

LUCÍA TOPOLANSKY. En Perú, en Colombia... Es un peligro.

NOAM. Creo que los evangelistas en Brasil aún no logran convertirse en una fuerza política.

PEPE. Ya hay una bancada.

VALERIA WASSERMAN. Sí, ya están en Brasil, es cierto. Tienen su propio partido político, completamente cargado a la derecha.

PEPE. Por eso nosotros somos muy laicos acá [en Uruguay].

VALERIA. Se suponía que Brasil era igual, pero desafortunadamente ya no es así.

LUCÍA. Uruguay es el país más laico de Latinoamérica.

PEPE. Sí. En 1919 la Iglesia quedó separada del Estado, pero lógicamente el proceso había empezado muchos años antes. En 1905, 1910, había un impulso de separación muy fuerte, y por 1910 teníamos un presidente que escribía *Dios* con minúscula.

NOAM. ¿Y eso se logró mantener así también durante la dictadura?

PEPE. Sí, eso no se pudo cambiar nunca.

NOAM. En el caso de Brasil, ¿cambió con la dictadura?

VALERIA. No creo que haya sido un cambio como tal.

NOAM. En los Estados Unidos el movimiento evangélico siempre fue enorme, pero en realidad nunca llegó a ser una fuerza política organizada hasta que los republicanos se vieron obligados a formar una coalición popular de evangélicos con nacionalistas, racistas y demás. ¿Por qué? Porque sus propios programas son tan reaccionarios y a favor de las élites económicas que no pueden conseguir votantes en sus propias filas, entonces se ven obligados a formar esta coalición popular de…, en muchos sentidos, de fuerzas radicales aterradoras que antes apenas existían.

Y existe una especie de confusión con relación a los sectores que apoyan a Trump, pues no son en realidad la clase trabajadora como algunos piensan. Es decir, los votantes de Trump tienen más poder adquisitivo. Hay pequeños comerciantes, personas de negocios, contratistas rurales… Es un electorado con algo de clase trabajadora, pero no mucho. Desde el punto de vista socioeconómico, su grupo de votantes es muy similar a la clase en que se basó el fascismo de los años treinta. Desgraciadamente, está conectado con los elementos racistas tan arraigados en Estados Unidos. El supremacismo blanco es mucho más poderoso en los Estados Unidos que en cualquier otro país, incluso Sudáfrica.

Por su parte, el Partido Demócrata está inclinado a seguir el liderazgo político de los últimos años, que consiste esencialmente en convertirlo en un partido republicano moderado, en un partido proempresarial que abandonó a la clase trabajadora siguiendo los programas neoliberales estándar. El Partido Demócrata puede perseguir eso, en cuyo caso no representa una alternativa significativa, pero podría también convertirse en un partido de la variedad. Un ejemplo es

Sanders, comprometido con un «New Deal», un capitalismo de Estado benefactor. El propio Sanders se autoproclama socialista, aunque no tiene mucho que ver. Es decir, el término *socialismo* en estos días solo significa capitalismo de Estado moderado. Pero ese podría ser un partido con políticas progresistas que tendrían alguna trascendencia; podría ganar una elección, pero eso probablemente no suceda. Sin embargo, al mismo tiempo, muchos de los activistas de Sanders están emprendiendo acciones que podrían ser significativas políticamente a largo plazo.

Con Obama el Partido Demócrata prácticamente se derrumbó a nivel estatal y a nivel local lo ha perdido prácticamente todo, y eso se está reconstruyendo, de manera que podría tener un impacto significativo. Es difícil de predecir, pero hay señales que indican que hay oportunidades importantes que podrían aprovecharse.

SAÚL. Profesor Chomsky, los tratados de libre comercio han representado un instrumento distintivo del neoliberalismo y del traspaso del poder del Estado al sector corporativo, ¿por qué es esto así?

NOAM. En primer lugar, creo que debemos tener en cuenta que **eso que llaman *tratados de libre comercio* no son en realidad acuerdos de comercio libre, sino acuerdos de derechos de inversionistas. Debemos utilizar los términos correctos.** Por ejemplo, las negociaciones de la Ronda Uruguay [llevadas a cabo en el marco del Acuerdo General sobre Aranceles Aduaneros y Comercio desde 1986 a 1994 con 123 países participantes] tuvieron una relación muy limitada con lo que podríamos llamar *libre comercio.* Otro caso es el NAFTA, que prácticamente no tiene nada que ver con el comercio, y en particular el TPP sufre de lo mismo. Estos acuerdos se centran en ampliar los derechos del poder privado. Incluso la Ronda Uruguay tuvo mucho que ver con lo que ahora llaman *derechos de propiedad intelectual*, que básicamente son derechos de monopolio. Por ejemplo, Bill Gates suele ser el hombre más rico del mundo por dos razones: la primera es que logró explotar varias décadas de investigación financiada por los contribuyentes que llevó a la creación de internet, el *software*, satélites, etcétera, y la segunda es que tuvo derechos de explotación monopólica sobre ello. Todas las computadoras vienen con Windows y aparentemente esa es la consecuencia de estos supuestos tratados de libre comercio.

Ahora existen grandes derechos de patentes para el poder privado —algo que nunca habíamos visto en el pasado— que le permiten mantener sus monopolios. Si la ronda de acuerdos sobre derechos de patente en Uruguay hubiera sucedido en el siglo XIX, los Estados Unidos serían hoy un país del tercer mundo. Nunca podrían haberse desarrollado; habrían estado bloqueados para hacerlo. Otro elemento de los llamados *tratados de libre comercio* es que otorgan a los inversionistas privados el derecho de enjuiciar a los gobiernos. Nosotros como individuos no podemos enjuiciar a un gobierno, pero las corporaciones multinacionales sí tienen esa potestad. Pueden, por ejemplo, enjuiciar a un gobierno por imponer medidas ambientales que afecten sus ganancias, y cosas de este tipo están sucediendo cada vez con más frecuencia. Hay que quitarles la palabra *libre* a estos tratados.

El NAFTA, por ejemplo, es muy revelador. Las corporaciones no proveen los datos, de modo que tenemos solo cifras indirectas, pero en la bibliografía de la academia económica se dice que el NAFTA llevaría a un aumento del comercio entre los Estados Unidos y México. Sin embargo, si nos fijamos [voltea a ver a Saúl]... Mira, pongamos como ejemplo que la General Motors produce partes en Indiana y las envía a una maquiladora en el norte de México para ser ensambladas, y después los autos se llevan a Los Ángeles, donde se venden. A esto se le llama *comercio en ambas direcciones,* pero son de hecho interacciones internas que representan el mismo tipo de comercio que tenía la URSS: producía algo en alguna parte y después la enviaba a Polonia para ser ensamblada... Llamaban a eso *comercio,* pero no era más que una interacción dentro de una economía controlada y dominante, es decir, tiranías privadas. Se estima que el cincuenta por ciento de eso que llaman *comercio entre México y los Estados Unidos* es básicamente la interacción entre una economía interna dominante sobre otra, y esto tiene muchísimos efectos secundarios graves, como destruir la industria agrícola mexicana. Los campesinos mexicanos, que son de hecho muy eficientes, no tienen manera de competir con la agroindustria estadounidense, que está fuertemente subsidiada por el Gobierno, y eso se ve adonde voltees la mirada. De modo que hay que ser muy cuidadosos con estos supuestos acuerdos de libre comercio. No acarrean libertad. Hay que llamar a las cosas como lo que son, no solo por el nombre que convenientemente les han puesto.

Por ejemplo, el TPP se está reconstruyendo de alguna manera, pero mientras tanto se está desarrollando otro tratado paralelo más importante, llamado Acuerdo de Comercio y Servicios, que no tiene nada que ver con el comercio, sino con la manipulación financiera y el control de las transacciones. Esto se está implementado con mucha discreción, entre bambalinas, pero tendrá básicamente las mismas consecuencias. Ha habido algunos efectos del colapso del TPP. Uno de ellos ha sido aumentar el poder de la banca de inversión China, y muchos países de Occidente han seguido este juego, incluida Inglaterra. Pero los Estados Unidos no; de hecho, están excluidos y esto es parte del crecimiento económico de China, que es menor que el estadounidense, pero aun así es muy significativo.

Sin embargo, creo que la estructura de la economía internacional bajo el control de las corporaciones multinacionales es muy compleja. Sus cadenas de suministros son muy densas y estables, capaces de retener fácilmente su poder político para mantener esta tendencia, a menos que existiera un involucramiento mucho mayor de la gente. Y para eso la gente tiene primero que enterarse de lo que está sucediendo, porque esto va a continuar, pero puede tomar rumbos distintos.

e. Guerra contra el terror y contra las drogas

Saúl. Dos señuelos estadounidenses importantes: *guerra contra las drogas, guerra contra el terror.* ¿Qué buscan realmente los Estados Unidos con esto?

Noam. La frase *guerra contra el terror* es interesante; ahora está asociada con Bush, pero en realidad es de Ronald Regan. Cuando Ronald Regan asumió el cargo, él y su administración declararon como compromiso que las políticas de los Estados Unidos se enfocarían a eso que llamaron *terrorismo internacional de estado* [State Directed International Terrorism]. Se referían a la invención del terrorismo ruso respaldado por Cuba en América Central, pero la administración de Regan se convirtió en ese momento en el principal Estado terrorista del mundo. Solo en Centroamérica fueron asesinadas más de doscientas mil personas, y otros cientos de miles fueron víctimas de tortura y devastación. En Sudáfrica, en tiempos de Regan, Estados Unidos fue el último país que apoyó el régimen del *apartheid,* hasta el final, incluso después de que Thatcher se retirara. Los análisis de la ONU indican más de un millón de personas muertas solo por las depredaciones sudafricanas en los países vecinos. Estados Unidos también apoyó la invasión de Israel en el Líbano, con veinte mil personas asesinadas; eso es terrorismo masivo en cualquier parte. Y, claro, se ha intentado enmascarar la idea de que hubo una guerra contra el terrorismo en los años ochenta, porque el resultado fue tan horrendo que se optó por suprimir esa parte de la historia.

Llamamos *terror* a lo que nos hacen los demás, pero no lo que les hacemos nosotros a ellos; así se define el terror en los Estados Unidos. George Bush reavivó el término después del 11 de septiembre; iban a pelear una *guerra contra el terror*, según dijo. ¿Y cuáles son los resultados? Bueno, en 2001, cuando sucedió el ataque del 11 de septiembre, los grupos terroristas solo se ubicaban en una pequeña área tribal en la frontera entre Afganistán y Pakistán; ahí estaba Al Qaeda. ¿Dónde están hoy? ¡Por todo el mundo! Se extienden cada vez que el llamado *terror* es golpeado con un mazo, caso tras caso. ISIS es el resultado de la invasión de Estados Unidos a Irak, el peor crimen de este siglo. Así es la guerra contra el *terror:* los Estados Unidos siguen aumentando la gran campaña terrorista internacional. Antes era la campaña de drones de Obama y después la de Trump, una campaña dirigida al asesinato de personas sospechosas de planear daños a los Estados Unidos.

¿Te imaginas si algún otro país emprendiera un programa de este tipo? Imagínate, por ejemplo, que Irán estuviera abierta y formalmente comprometido a asesinar a las personas que están amenazándolo, tal como lo proclama cualquier líder político de los Estados Unidos. Supongamos que el Gobierno iraní dice: «Matémoslos, porque representan una amenaza para Irán». ¿Consideraríamos eso legítimo? Esa es esencialmente la campaña de drones de Obama y luego de Trump. Trump aumentó bruscamente el número de víctimas civiles de los ataques militares. Si ponemos atención en grupos como AirWars, que intentan monitorear las víctimas civiles en Irak y Siria, hasta hace poco sus investigaciones se preocupaban principalmente por las víctimas civiles del régimen de Assad y el respaldo ruso, pero a estas alturas las víctimas de los ataques de los Estados Unidos han superado en número a las de cualquier otro. **Eso es la *guerra contra el terror.* Llámala como**

quieras, pero es una campaña de asesinatos. Básicamente, una guerra entre terroristas.

En lo que respecta a la *guerra contra las drogas,* si miras hacia atrás en los registros, verás una larga historia sobre este tema, pero hay un hito con Richard Nixon, que lanzó la *guerra contra las drogas.* **Se emprendieron estudios y el Gobierno lo sabía: la forma más efectiva y rentable de enfrentar el problema del consumo de drogas es la prevención y el tratamiento; más costosa y menos efectiva es la acción policial; aún más costoso y menos efectivo es el control fronterizo; ya al final, lo menos efectivo y más costoso de todo son las operaciones fuera del país,** como las llamadas *fumigaciones,* que son básicamente guerra química como la aplicada en Colombia. Esas son conclusiones bastante bien establecidas, incluso por estudios gubernamentales. ¿Pero en qué gastan dinero? En todo lo contrario. Los gastos mínimos son de prevención y tratamiento —lo que funciona— y luego va empeorando.

¿Cuál ha sido el efecto de la llamada *guerra contra las drogas,* que se aceleró con fuerza bajo Ronald Regan? La prevención y el tratamiento caen muy bruscamente, cuanto más aumentan las actividades violentas. ¿Y cuál es el resultado en todos esos años? De hecho, ahora mismo hay una epidemia de drogas en los Estados Unidos, y muchas de ellas no son lo que llamamos *drogas;* son medicinas sintéticas, drogas de laboratorio, muchas producidas en los Estados Unidos, mientras el efecto en otros países, en particular México, ha sido realmente devastador.

Así que esa es la *guerra contra las drogas.* No hay forma de interpretar eso como un esfuerzo por reducir el uso de drogas, a menos que la gente sea completamente imbécil. La idea de usar una y otra vez los métodos que sabes que van a fallar y has demostrado que fallan no pueden tomarse en serio, por lo que tenemos que preguntarnos cuáles son realmente los objetivos. Bueno, podemos especular, pero creo que no hay respuestas sorprendentes. Por ejemplo, en Colombia es básicamente contrainsurgencia; de hecho, ha sido algo devastador para los campesinos pobres. Cuando fumigas con químicos en un área como Colombia, puedes matar los plantíos de droga, pero también matas todo lo demás. Personalmente he visto casos en los que agricultores pobres, agricultores de café, lograron desarrollar nichos de mercado en Alemania para el café orgánico, por ejemplo, solo para elegir un caso, pero una vez que se fumiga todo esto se termina y huyen a dormir a las afueras de Bogotá. Colombia ahora tiene una de las poblaciones desplazadas más grandes del mundo, en gran parte debido a la guerra contra las drogas, que condujo al surgimiento de sindicatos o cárteles criminales, como sucedió en México, etcétera.

En los Estados Unidos esto ha sido un factor significativo para el aumento del nivel de encarcelamiento. En 1980 las tasas de encarcelamiento eran bastante similares a las de otros países desarrollados; un poco en el extremo superior, pero no muy fuera del rango. En cambio, ahora son mucho más altas. De hecho, es el país con la mayor tasa de encarcelados per cápita del mundo, con índices de cinco a diez veces más altos que los de los países europeos. Gran parte de esto se debe a las drogas, que afectan principalmente a la población negra. Las comunidades negras han sido devastadas por el encarcelamiento de hombres, principalmente. Estos son solo algunos de los efectos, y es bastante natural interpretar las consecuencias predecibles como deliberadas, intencionales.

f. Estados Unidos, ¿imperio en decadencia?

NOAM. Bueno, en general el poder estadounidense ha estado en declive. Se habla mucho del traslado del poder hacia el este y hay un elemento de verdad en esto, pero hay que ser cuidadoso al observarlo y analizarlo. El poder norteamericano llegó a su cúspide en 1945; jamás en la historia había existido una concentración de poder de tal magnitud. Los Estados Unidos tenían cerca del cincuenta por ciento de la riqueza mundial, algo nunca antes visto. Tenía un poder militar incomparable y en general era abrumadoramente poderoso, y los planificadores estadounidenses lo sabían bien. En muchos registros de la Segunda Guerra Mundial y los años subsecuentes encontramos una planeación mundial muy sofisticada, que intentaba organizar el mundo básicamente en función de los intereses de los sectores privados estadounidenses. Fue un análisis muy cuidadoso y meticuloso que se llevó a cabo con éxito.

Pero a partir de entonces comenzó el declive del poder estadounidense; de manera muy notoria en 1949, cuando China se volvió independiente. Este fue un hecho de enormes consecuencias; la expresión en Estados Unidos para describirlo era *la pérdida de China.* ¿Qué significa esto? Yo no puedo perder algo que no es mío, ¿cierto? *La pérdida de China* manifiesta la percepción estadounidense: «Nosotros somos dueños del mundo, y si alguien se sale de nuestro control es una pérdida». Esto fue todo un tema en los Estados Unidos; básicamente culpaban a McCarthy de la pérdida de China. Cuando Kennedy llegó a la Presidencia comenzó a escalar la guerra en Vietnam del Sur, y una de las razones era el temor de que lo culparan a él de haber perdido Indochina. Fue lo mismo con Guatemala, y no es necesario mencionar lo todo lo que pasó en América del Sur en los años sesenta y setenta; eso ustedes [Pepe y Saúl] ya lo saben muy bien. El miedo a perder a América del Sur fue intolerable.

Así, gradualmente, las *pérdidas* han ido aumentando y el poder ha ido en declive. A principios de los setenta la economía internacional ya era tripolar. Los Estados Unidos se consolidaron de alguna manera con el NAFTA, que bloqueó a México ante las reformas neoliberales y lo mantenía dentro del control y el poder estadounidense, y como consecuencia México tiene de los más bajos niveles de ingreso en América Latina desde 1994, algo que ya se anticipaba; se destruyó su sector agrícola, etcétera. Sin embargo, otros países de América Latina lograron mantenerse un poco más independientes en décadas recientes, de modo que las pérdidas y el declive siguen en proceso.

Actualmente los Estados Unidos acaparan aproximadamente solo el veinte por ciento de la riqueza mundial, pero este dato es muy engañoso; es solo una medición ideológica, y hay mediciones mucho más significativas. ¿Cuánto de la economía mundial está en manos de corporaciones estadounidenses? Esa es una medida mucho más significativa, y **si observamos de cerca y con cuidado veremos que las corporaciones estadounidenses poseen el cincuenta por ciento de la riqueza mundial; lideran prácticamente todos los sectores de la economía mundial.** Y, por supuesto, son corporaciones asentadas en los Estados Unidos, por lo que reciben el apoyo militar, de los contribuyentes, etcétera. De modo que aquí tenemos una medición que se adapta mejor al mundo del poder corporativo global, con una compleja red de proveedores. El poder de los Estados Unidos sigue siendo extraordinario, pero no me refiero tanto al poder nacional, sino al poder corporativo y empresarial. Aunque esta es una medición que raramente se utiliza, es muy importante en el mundo moderno.

Entonces, la pregunta sobre este declive del poder estadounidense necesita una respuesta compleja. En algunos aspectos está en declive, pero por supuesto que en el aspecto militar no tiene competencia. Los Estados Unidos gastan en presupuestos militares casi lo mismo que el resto de los países del mundo sumados; su tecnología militar es mucho más avanzada y básicamente neutraliza los elementos disuasorios de Rusia. Este es otro elemento importante. Ningún otro país tiene miles de bases militares distribuidas por el mundo, tropas, fuerzas especiales que operan en decenas de países, a miles de kilómetros, y esa es una medida del poderío estadounidense. De modo que sí hay un declive, pero fundamentalmente en lo que refiere a la población y no tanto en otros aspectos.

En este momento, lo que está haciendo la administración republicana es aislar a los Estados Unidos del resto del mundo en relación con el tema del cambio climático, y esto tendrá consecuencias serias, sin duda. Los Estados Unidos son la potencia más importante del mundo y se están manteniendo fuera de los principales acuerdos referentes al cambio climático; es muy grave. En materia de integración económica global, los Estados Unidos se están alejando de estos tratados, pero otros países están aumentando los acuerdos comerciales. La Unión Europea y Japón están aumentando los acuerdos comerciales, dejando fuera a los Estados Unidos. Canadá también está generando tratados con la Unión Europea.

Es difícil predecirlo, pero creo que esta integración económica global bajo el sistema corporativo transnacional es tan densa que no se verá muy afectada por los acontecimientos nacionales, y esto es lo que tenemos que tener en cuenta si queremos analizar cómo se está desarrollando el mundo. Especialmente en los últimos veinte años ha habido cambios sustanciales en la economía internacional, mientras las corporaciones transnacionales desarrollan cadenas de suministros muy complejas que implican a decenas de países. Por ejemplo, la corporación más grande del mundo, Apple, tiene sus oficinas centrales en los Estados Unidos, pero está ensamblando en China bajo la gestión de una empresa de Taiwán. Si observas las utilidades, una parte muy pequeña se queda en China, una gran parte se queda en Foxconn de Taiwán y una parte inmensa va directamente a Apple, que evita pagar impuestos montando una pequeña oficina en Irlanda a la que llama *base central de operaciones.*

Así es como funcionan las corporaciones transnacionales. Quienes trabajan desarrollando las partes y componentes de estos aparatos [celulares] ni siquiera saben para qué corporación están trabajando, por lo que son trabajadores fáciles de explotar, desorganizados, fácilmente reemplazables, sin ningún poder de negociación. Así se crea un nuevo tipo de divisiones de clase muy marcadas y se concentra un poder inmenso en manos de las instituciones financieras que controlan todo esto y generan una gran desigualdad entre los países. Son todos elementos muy importantes a los cuales debemos prestar atención cuando hablamos de *declive estadounidense.*

Se ha hablado mucho de que China, incluso la India, serán las próximas potencias, pero no es tan sencillo que esto suceda. China es una nación todavía muy pobre; India, aún más. Si analizamos los índices de desarrollo humano de la ONU, que componen una medida bastante detallada del desarrollo, creo que China está en el puesto 90 y la India como en el 130. Estos países tienen problemas internos muy marcados, problemas que los países occidentales desarrollados no tienen. Aunque el crecimiento chino ha sido sustancial y la reducción de la pobreza en los últimos diez años ha avanzado, aún le falta mucho para ser una verdadera potencia independiente. Creo que debemos tener muy claras las escalas y proporciones de lo que realmente está pasando.

g. Latinoamérica, ¿faro de esperanza?

SAÚL. Ante este escenario, ¿qué papel juega Latinoamérica?

NOAM. Bueno, si observamos el período neoliberal, que básicamente comenzó con Reagan, América Latina fue la primera gran víctima de los programas de reformas estructurales neoliberales, que devastaron el continente en las décadas de los ochenta y noventa; se las llamó *décadas perdidas*. Esto fue realizado por el Consenso de Washington y administrado por el FMI, que básicamente es una sucursal del Departamento de Estado de los Estados Unidos. Ustedes [Pepe y Saúl] ya conocen las consecuencias de esos años. **Sin embargo, América Latina fue también la primera región del mundo en emerger de esta situación, junto con Asia del este tras su colapso financiero en 1997, al tiempo que se alejaba del Consenso de Washington y del FMI.** A principios de este siglo, los gobiernos progresistas en América Latina tomaron medidas significativas para revertir las desastrosas consecuencias de este período. Una de ellas fue de hecho expulsar al FMI, que ya no otorga tantos préstamos a América Latina y ahora está más concentrado en Europa, lo que implica excluir al Departamento del Tesoro estadounidense, que se encargaba del sistema global.

Esto ocurrió en varios países, y algunos de ellos aplicaron medidas para reducir la pobreza de manera importante, aumentaron las oportunidades de educación y fortalecieron los derechos civiles. En gran medida bajo el liderazgo de Lula en Brasil, se hicieron esfuerzos internacionales para intentar modificar el orden internacional y así darle una voz más importante al sur global. Así se formaron los BRICS, por ejemplo, un bloque separado del consenso de Washington e iniciado principalmente por Lula. Estos fueron cambios significativos para modificar la estructura de toma de decisiones a escala mundial, que implicaron una mejora sustancial. Desafortunadamente, todo esto vino acompañado de serios errores que hoy amenazan con revertir los logros obtenidos y volver a las desastrosas políticas de los años iniciales.

Uno de los principales problemas en América Latina es la falta de capacidad y liderazgo de izquierda para mitigar los severos niveles de corrupción endémicos. Por otro lado, América Latina tiene muchos recursos, pero esos recursos se han utilizado tradicionalmente para enriquecer a un minúsculo sector de la población y a inversionistas extranjeros. **Este es el otro gran error que ha minado su desarrollo: en todos estos años América Latina ha continuado, aun bajo los gobiernos de izquierda, con un modelo de básicamente producir y exportar productos primarios,** incentivados también por la tentación —que debieron haber resistido— de satisfacer el creciente apetito de materias primas que representa China. De modo que América Latina se concentró en explotar la soja, el hierro, etcétera, lo cual significa, por supuesto, importar inmensas cantidades de productos manufacturados por China a precio muy bajo, lo que destruye las incipientes industrias locales. Así es como terminas teniendo países basados en la exportación de productos primarios e importaciones de productos manufacturados fuera, socavando la industria local, que es incapaz de competir y desarrollarse. Esto es algo que ha pasado durante siglos en América Latina y desafortunadamente continuó con los gobiernos de izquierda; incluso en algunos casos esta tendencia aumentó. Todo esto representa problemas muy importantes, aunque pueden ser superados.

Resulta sorprendente comparar América Latina con Asia del este en términos económicos. David Félix, por ejemplo, un economista internacional, ha hecho estudios al respecto. América Latina tiene enormes ventajas en comparación con el Sudeste asiático, y según estándares objetivos debería estar mucho más adelantada. América Latina tiene una gran riqueza de recursos naturales, Asia del este no; América Latina no tiene enemigos externos, el este de Asia sí. Estas son diferencias sustanciales, pero las políticas que se han seguido en Asia desde los años cincuenta son muy diferentes a las de América Latina, que continuó con su dedicada tradición de seguir beneficiando al minúsculo sector de riqueza extrema. Las importaciones en América Latina son de bienes de lujo, mientras que las de Asia del este son importaciones de bienes de capital para su desarrollo. En Asia del este se ha prohibido incluso la exportación de capitales, que en Corea del Sur se puede castigar hasta con pena de muerte, y las inversiones extranjeras están permitidas, pero rigurosamente controladas por el Gobierno, mientras que en América Latina desde el extranjero se invierte para básicamente robar todo lo que se pueda.

La estructura de clases en América Latina —ustedes lo saben mejor que yo— está configurada con una gran desigualdad; la concentración de riqueza es extrema. **Más allá de buscar cómo no pagar impuestos, a los sectores ricos de países latinoamericanos no les interesa en absoluto el desarrollo de su país; únicamente les interesa seguir enriqueciéndose. En el este de Asia esto está muy controlado y las consecuencias son sorprendentes.** Corea del Sur, por ejemplo, que en los años cincuenta estaba a la altura de un país pobre de África, hoy en día es una gran potencia industrial, mientras que en América Latina eso no sucede. Hubo sí cambios importantes durante la primera parte de este siglo, como hemos visto, pero se deben profundizar estos cambios y transformar América Latina en una región democrática más equitativa y capaz de controlar su propio destino. Se ha expulsado al FMI y a las bases militares estadounidenses, y eso es bueno, pero…

Si nos fijamos en Brasil, por ejemplo, las políticas de Lula no eran tan diferentes de las de Goulart en los sesenta. Las políticas de Goulart llevaron a un golpe de Estado militar respaldado y promovido por los Estados Unidos. De hecho, el embajador de Kennedy en Brasil, Lincoln Gordon, llamó a ese golpe de Estado «una gran victoria para la libertad del siglo XX», que es la respuesta estándar. Cuando Lula estableció un programa parecido, no podía haber un golpe de Estado. Los Estados Unidos están relativamente más debilitados que en la década de los sesenta, como consecuencia de situaciones internas. Ahora hay más oposición al imperialismo y a las amenazas externas, en parte también por lo que ha sucedido políticamente en América Latina en años recientes, y esto puede seguir avanzando en coordinación y con solidaridad como región. **América Latina puede jugar un papel global significativo si se libera del estrangulamiento de las medidas neoliberales.** Ya ha avanzado en este sentido y se puede hacer mucho más.

***

NOAM. ¿Qué prospectos crees que tenga Latinoamérica ante esta regresión [de gobiernos de izquierda] que se ha estado dando?[9]

PEPE. Hay una tendencia fuerte a agredir y a barrer algunas conquistas sociales que, aun siendo relativas, eran importantes,

---

9 Esta conversación ocurrió en 2017.

como derechos laborales, seguridad para los movimientos sindicales, herramientas de autodefensa de los trabajadores. Me parece que hoy todo eso está en juego en todos los países de América. Hay una tendencia a cambiar una serie de conquistas que habían conseguido los movimientos sindicales, los trabajadores, que les permitían estar un poco en mejores condiciones para su disputa por el capital y el ingreso nacional. En toda América se tiende a recortar ahora, a ir para atrás.

NOAM. ¿Cuáles crees que sean las posibles fuentes de oposición a la actual regresión y represión?

PEPE. Creo que vamos a sufrir todavía un poco más, pero de todas maneras la resistencia va a continuar porque ellos [la derecha] no pueden arreglar los problemas de fondo.

NOAM. ¿Cuáles consideras las principales fuentes potenciales de resistencia?

PEPE. ¡Los trabajadores y la gente joven! El capitalismo, en esta propia etapa, necesita cada vez más de universitarios. Esa batalla creciente en el seno del estudiantado es un foco de resistencia, contradictorio para ellos. Pasa en el mundo: pasa en Turquía, pasa en Japón, pasa en Europa, pasa en México…

NOAM. En cuanto a la clase trabajadora, los sindicatos, el movimiento obrero, ¿ves alguna señal de que ellos sean también un foco de resistencia?

PEPE. ¡También! En Brasil es un foco de resistencia, en Uruguay también. Muy fuerte en el Uruguay.

NOAM. ¿Y qué tal en Argentina?

PEPE. En Argentina es muy fuerte también, aunque tiene una tradición peronista que es ecléctica. Pero existe.

NOAM. ¿Existe algún tipo de interacción entre el movimiento obrero brasileño, el argentino y el uruguayo?

PEPE. Hay buena relación entre Uruguay y parte del movimiento sindical brasilero, y parte del argentino también.

NOAM. Cuando fuiste presidente, ¿trabajaste en desarrollar esas relaciones?

PEPE. Sí, sí. **Nosotros creemos que en América del Sur la batalla por la integración es central y tiene un camino: primero las universidades, integrar la inteligencia, y segundo los movimientos obreros; después la economía.**

NOAM. ¿Y hay algún avance en esas direcciones o son solo aspiraciones hacia el futuro?

PEPE. Nosotros tenemos una relación permanente, la cultivamos y nos apoyamos. Es una coordinación de nuestras delegaciones que van a la OIT, que se mueven en el mundo. Por ejemplo, hace dos meses tuvimos un congreso en Chile; yo fui. Estamos luchando por conseguir la secretaría de la OIT con el apoyo de todos los latinoamericanos. Tratamos de tener una política coordinada y hay muchas dificultades, pero no queda otro camino. Nuestro movimiento sindical no está subordinado a lo político, a los partidos, pero tampoco es independiente. Es decir, no es neutral entre izquierda y derecha; tiene una clara definición de izquierda y no de subordinación, una visión de izquierda clara.

NOAM. Ahora, ¿qué pasa con la integración entre los países?

PEPE. Eso ha tenido dificultades, muchas. Porque las preocupaciones nacionales llenan de urgencia a los gobiernos y el problema de la integración se va posponiendo.

NOAM. ¿Qué piensas del futuro de UNASUR y CELAC durante este período de regresión? ¿Colapsarán o seguirán funcionando?

PEPE. Ahora van a quedar un poco congeladas. En América Latina inventamos instituciones y después las dejamos congeladas y hacemos otras.

NOAM. Entonces, ¿crees que estas organizaciones desaparecerán y aparecerán otras nuevas en su lugar? ¿O la UNASUR y la CELAC se revitalizarán?

PEPE. Yo creo que van a quedar congeladas por un tiempo, y lo que pase después dependerá de la situación política que se dé en América. Pero no van a desaparecer.

NOAM. ¿Están realmente funcionando de alguna manera?

PEPE. Algo funcionan, burocráticamente.

LUCÍA. Depende mucho de lo que pase [en las elecciones presidenciales] en Brasil.[10]

NOAM. Brasil no se ve muy bien en este momento.

PEPE. Está muy complicado Brasil.

NOAM. ¿Estás manteniendo contacto con Lula?

PEPE. Sí, estuve hace poco allá, y hay una situación… Yo creo que le van a hacer la guerra para que no pueda ser candidato.

NOAM. Esa es tu opinión también, Valeria.

PEPE. Buscarán una forma jurídica de bloquearlo.

NOAM. ¿Él [Lula] se siente confiado en que podrá superar esta crisis?

PEPE. Él tiene un carácter de luchador; no se va a entregar, va a seguir luchando. A él como persona le hace bien todo esto, rejuvenece con la lucha. A Lula en el poder lo rodea la burocracia; Lula en la oposición se recuesta en el pueblo, en su gente.

NOAM. Entonces, ¿cuál es tu expectativa de lo que sucederá en Brasil?

---

10 En 2022, Luiz Inácio *Lula* da Silva volvió a ser elegido presidente de Brasil.

PEPE. No sé. Es muy difícil, porque Brasil es muy contradictorio. Lo que sé es que [Lula] tiene una influencia brutal.

NOAM. Valeria es muy pesimista sobre las posibilidades de que en Brasil…

PEPE. Pero nunca la derecha va a ganar totalmente, porque tampoco la izquierda gana totalmente. Es un vaivén.

NOAM. ¿Crees que existe la posibilidad de otro golpe militar en Brasil?

PEPE. No. Los jueces.

NOAM. Vaya, tú también opinas lo mismo [le dice sorprendido Chomsky a Valeria].

PEPE. Más bien. Ahora la moral viene por los jueces, por los no comprometidos.

NOAM. Igual opina Valeria.

PEPE. Yo también lo veo por ahí, pero… tiene algo de fascismo.

NOAM. Me parece una descripción muy válida.

PEPE. La moralina [de los conservadores], los puros.

NOAM. El PT [Partido de los Trabajadores] sacrificó una oportunidad real. ¿Crees que sacrifiquen una enorme oportunidad cayendo —de nuevo— en la trampa de la corrupción, la mala planificación económica y la falta de enfoque para diversificar la economía?

PEPE. Pienso que el aliado más grande que tiene el capitalismo en esta etapa es la cultura que ha generado. Eso penetra en la sociedad y también está prendido en el común de la gente de izquierda.

NOAM. Entonces, ¿no se ve ninguna alternativa?

PEPE. Yo creo que aparecen alternativas, aparecen. No todo es tan negro. Porque hay mucha gente joven, y hay gente que ha vivido y está de vuelta.

NOAM. ¿Existe una conciencia general de las alternativas? ¿Existe conciencia entre los segmentos de la población de que las alternativas se pueden construir?

PEPE. Parcialmente existe. Existen corrientes que enfilan [orientan].

NOAM. ¿Qué piensas sobre el espacio cruzado para el MST [Movimiento de los Trabajadores Rurales Sin Tierra] en Brasil? ¿Crees que es una posibilidad de resistencia?

PEPE. Sí, es un movimiento muy interesante, que no prescinde de la lucha. Hay una parte que es lo mejor del mst, de izquierda. Me parece que están bien ubicados y que tienen posibilidad de movilización. Yo no veo que esté todo perdido, veo que hay una lucha difícil, pero en América hemos tenido momentos mucho más difíciles. Estar huyendo de una dictadura, por ejemplo. Veo que estamos en problemas, pero no estamos perdidos.

NOAM. Bueno, eso es seguro. ¿Crees que los logros del Gobierno de Lula en la reducción de la pobreza y en la educación, entre otros, se mantendrán bajo esta regresión?

PEPE. No, va a haber una regresión ahora. Existe una tendencia regresiva en temas como la estabilidad laboral, los derechos laborales, el Estado de bienestar, etcétera, y esto se ve ya en todo el mundo; es fuerte también en Europa. Entonces, creo que vamos a asistir a un período de mucha convulsión. Y las reformas de Macron en Francia no van a ser fáciles tampoco.

NOAM. Bueno, durante algunos años parecía que América Latina podría ser un faro de esperanza y una región líder en este esfuerzo mundial. Por eso la regresión en América Latina es un fenómeno tan grave. Es muy trascendente recuperar lo que se logró, pues, por ahora, al menos brevemente, mucho se ha perdido.

PEPE. Sí, pienso que la historia del hombre es eso. Izquierda y derecha son términos muy cercanos, muy de la Revolución francesa para acá, pero en realidad siempre en la historia humana ha habido una cara equitativa y por la civilización, y también una cara conservadora. Yo creo que la lucha va a continuar y tengo confianza: nunca vamos a triunfar al cien por ciento, pero nunca nos van a vencer tampoco; apenas subimos unos escalones.

El próximo gran lío en América está en la Argentina.

NOAM. ¿Argentina? ¿Por qué lo dices?

PEPE. El movimiento peronista es muy fuerte, tiene una base social muy fuerte. Cuando está en el gobierno se divide;

cuando está en la oposición se aglutina, y cuando está aglutinado es insoportable.

NOAM. ¿Crees que quedará algo de los esfuerzos de los trabajadores argentinos para tomar fábricas y otras empresas, y que esto pueda desarrollarse?

PEPE. Sí, sí, sí. Y se va a poner violento. En el Uruguay no creo que sea tan dramático. El Uruguay es un país… No es reaccionario, es una penillanura… Todo es suave, más suave [dice sonriendo].

SAÚL. Estábamos ya por Latinoamérica y sus gobiernos progresistas. Sus aciertos, sus errores, su futuro…

PEPE. Yo creo que lo de ellos [Néstor Kirchner, Hugo Chávez, Rafael Correa, Evo Morales y otros] tiene importancia en el futuro de América. Y Evo ha sido muy buen administrador, tiene una economía muy equilibrada. Bolivia ha pegado un avance importante con respecto a lo que era.

NOAM. ¿Y crees que eso sea sostenible?

PEPE. Sí, sí.

NOAM. El siguiente problema en Colombia es si las comunidades que han estado algo protegidas por la existencia de las FARC, incluso si se opusieron a las FARC, pueden sobrevivir a las invasiones de las corporaciones mineras internacionales y los agronegocios que habían sido frenados por la guerra de guerrillas. He estado en el sur de Colombia trabajando con algunas de estas comunidades. Esto me preocupa mucho.

PEPE. Sí, ese es un peligro. Y si el proceso de paz no va acompañado de una política de tierras y de promoción de la vida campesina, es muy difícil que la paz se pueda firmar en Colombia, porque hay muchos intereses a favor de mantener el conflicto.

NOAM. Visité varias veces una comunidad muy pobre, una comunidad muy remota en La Vega, en el sur de Colombia. Cuando te acercas al pueblo hay un cementerio pequeño, solo cruces; es un cementerio simple de personas que fueron asesinadas por los paramilitares. Ellos consideran a las FARC como un enemigo más, pero están tratando de proteger sus recursos hidrológicos y otros de la invasión de las corporaciones mineras, que fueron retenidas por el conflicto. Temen que con el proceso de paz pierdan la capacidad de proteger sus propios recursos de las grandes multinacionales que habían sido expulsadas por el conflicto. Es un problema muy grave, en muchas partes de Colombia.

SAÚL. Así es, y necesitaremos acuerdos regionales y globales para generar esas condiciones. ¿Cómo podemos construir esos acuerdos?

NOAM. Creo que podemos hacerlo con las oportunidades disponibles. Por ejemplo, pensemos en Latinoamérica durante el período de los diez o quince años de progreso real con gobiernos de izquierda; ahí se dieron pasos hacia acuerdos regionales. Por ejemplo, la decisión de excluir a FMI de Latinoamérica fue un acuerdo regional que es muy positivo; eso [el FMI] es el Departamento del Tesoro de los Estados Unidos. El acuerdo para eliminar bases militares estadounidenses fue un gran acuerdo. La CELAC nunca funcionó realmente, pero la idea era muy buena: liberar a Latinoamérica de los Estados Unidos y

Canadá y avanzar hacia el tipo de programas que realmente se necesitan en la región. Y todo esto puede extenderse.

La Unión Europea, con todos sus defectos, tiene grandes aportes. Después de todo, esta es la primera vez en cientos de años que los países europeos no se dedican a destruirse unos a otros, y ese no es un cambio menor. Eso se puede seguir desarrollando; hay muchas oportunidades para hacerlo, pero se requerirá mucho compromiso popular y activismo para avanzar en esa dirección. Pongamos como ejemplo el Acuerdo de París sobre el Calentamiento Global, que de ninguna manera es suficiente, pero es el primer acuerdo global importante para hacer algo serio sobre un problema trascendente en el mundo, o el Tratado de Prohibición Completa de Pruebas, que prohibió las pruebas nucleares bajo amenaza. Son acuerdos globales significativos.

SAÚL. Don Pepe, con relación a los acuerdos regionales y hablando de Latinoamérica en particular, ¿qué nos puede decir del proceso de integración?

PEPE. Pienso que indirectamente la política del señor Trump nos va a ayudar un poquito, porque está aislando a Estados Unidos, tendiendo a encerrarlo. Y eso se ha reflejado en Europa también. Europa está intentando acercarse a Latinoamérica, y Latinoamérica tiende a acercarse entre sí. Ya no es un problema de izquierda solamente; es un problema de casi todos, porque la presencia de una China demandante y compradora en América Latina cada vez es más fuerte y evidente, y para nosotros es bueno, aunque es peligroso.

NOAM. ¡Muy peligroso!

PEPE. Necesitamos otro platillo [mercado], y ese platillo puede ser Europa. Hay que darle pelota a África también, hay que ponerle mucha atención a África. ¡África es un volcán!, para el bien y para el mal, para todo. No podemos vivir de espaldas a África. Brasil se dio cuenta en su momento, le empezó a dar pelota. Cuba se desangró por África; allá tiene un prestigio increíble. Vinieron los presidentes al funeral de Fidel; la cantidad de africanos era impresionante, y mirá que Cuba es chiquita. Nigeria es un país que, si sigue con esa tasa, va a alcanzar dentro de unos años a China, ¡una cosa impresionante!, y la aristocracia nigeriana consume carne inglesa y quesos franceses. ¡La puta madre que los parió! ¿Te das cuenta? Incluso como mercado, te digo... Porque nos creemos que el único mercado está en el norte. Miremos un poco el resto del mundo.

NOAM. Latinoamérica ya ha sufrido esos peligros; es una de las cosas que socavaron a Brasil, por ejemplo. El hecho de que China estuviera dispuesta a comprar masivamente productos primarios desorientó seriamente al Partido de los Trabajadores en Brasil. Igual los Kirchner en Argentina, que en lugar de diversificar su economía se concentraron en la exportación de productos primarios, lo que, por supuesto, significó importar bienes manufacturados baratos que socavaron sus industrias manufactureras nacionales, y lo mismo sucedió en Venezuela. El resultado es que las economías ahora son de alguna manera más primitivas que antes del período de crecimiento y desarrollo de los últimos diez o quince años, todo por permitir que el apetito chino por bienes primarios socavara sus propias economías. Estos son peligros que simplemente hay que superar.

PEPE. Por eso necesitamos integración entre nosotros y otras alternativas.

NOAM. Sí, ¡definitivamente!

PEPE. Es cierto, ese es el peligro.

SAÚL. Don Pepe, ¿por qué la integración podría significar una alternativa a todo esto?

PEPE. Porque es indispensable tener una escala técnica, una escala científica y una escala de masa [población] que pueda hacer frente a lo que es el mundo de hoy, un mundo que se configura en grandes bloques políticos y económicos; esa es la única manera de competir. Pero hay que juntar esa fuerza, porque los latinoamericanos llegamos tarde y venimos corriendo de atrás. Ellos en el norte nos llevan una ventaja enorme en el campo de la investigación y del conocimiento. Hay que integrar las universidades latinoamericanas, hay que integrar la inteligencia, tu generación [dice observando a Saúl]. Si no integramos la inteligencia, nunca vamos a integrar América. Y mirá, tal vez no exista sobre la tierra una potencial confluencia como la que representa Latinoamérica. Estamos a enormes distancias y tenemos enormes diferencias, sí, pero tenemos el capital de una lengua común y la historia de la Iglesia católica; y mirá que yo soy ateo, pero ha creado una tradición que está en la base de América, común, y una lengua común.

No hay una agrupación humana de las dimensiones de nuestra América Latina que tenga ese cúmulo de coincidencias y características en común, y eso es una riqueza invaluable. Porque esa riqueza estratégica no la tiene ni China, que tiene varios idiomas, aunque es un imperio de cinco mil años. Dentro de las desgracias, hemos heredado el mismo idioma —porque el portugués [en Brasil] es un idioma distinto, pero no tanto si lo hablás despacio—. Es decir, tenemos muchas cosas en contra, sí, y nuestra balcanización está en la conciencia, porque al nacer América Latina cada puerto organizó un país, y nacimos conectados al mercado mundial sin conectarnos primero con nosotros mismos. Revertir ese proceso es un larguísimo cambio cultural, pero apuntemos a las universidades, apuntemos al foco de la inteligencia.

SAÚL. Creo que es una gran oportunidad, y creo que el 2018 y las circunstancias globales nos están empujando a la integración regional, o por lo menos nos dan una posible luz.

NOAM. Corríjanme si me equivoco, pero, que yo sepa, la UNASUR nunca asumió el problema de concentrarse en la exportación de productos primarios e importar bienes de manufactura baratos, lo cual destruyó las industrias manufactureras nacionales. ¿Se consideró alguna vez?

PEPE. No. Hubo mucho discurso, pero no política. **Los gobiernos están siempre preocupados por quién ganará las elecciones que vienen; los gobiernos en Latinoamérica tienden a mirar a corto plazo y no ven lo importante a mediano y largo plazo.** No somos chinos; estamos muy lejos de los chinos, que no tienen apuro y todo lo ven lejos [ríe irónicamente].

Hay cuatro países que son fundamentales para el proceso de integración regional; por orden: Brasil, México, Argentina y Colombia. Argentina, por ejemplo, no es tan prepotente en masa, pero es riquísima, es una cosa espantosa de rica. Cuando estudiás economía tenés que estudiar una economía para el mundo, pero para entender la Argentina hay que estudiar otra economía. Porque ¿sabés lo que tiene la Argentina? Vas a Santa Fe y tiene nueve millones de hectáreas de suelo [clase] 1. ¿Sabés lo que es eso? Eso vale más que el petróleo y que cualquier cosa. Es un suelo plano, dos metros y pico de la tierra más fértil que existe, inagotable, inagotable; eso le ha permitido a la Argentina hacer cualquier despelote, cualquier despilfarro. Produce comida para trescientos millones de habitantes, pero podría producir para mil millones, tranquilamente. Existe una anécdota popular del Río de la Plata que dice que cuando Dios estaba haciendo la Argentina le dio tantas cosas que san Pedro le dijo: «No, esperá, les estás dando demasiado». Y Dios le contestó: «No te preocupes; ahí voy a poner a los argentinos» [comienzan ambos a reír].

Bueno, y Colombia... Tiene doce millones de campesinos pobres, veintidós millones de obreros de los cuales con suerte habrá un millón que se jubilen. El sesenta por ciento de la tierra no tiene título de propiedad. Imaginate que tiene lugares como Chocondo, el lugar donde más llueve en el mundo. Un gigantesco invernáculo es aquello; tiene todo, todo... Hay incluso lugares de los bosques donde la luz del sol no llega abajo jamás. Un emporio de la vida, ¡y los desafíos que conlleva...! Hay lugares donde el gran problema de la guerrilla no son las balas, son las pestes; hay que tener antibióticos y esas cosas, porque es la vida en su máxima expresión en todas las dimensiones. Eso es nuestra América.

SAÚL. Sin duda. En particular, yo traigo a México y a Brasil entre ceja y ceja.

PEPE. Claro, mi preocupación de siempre. Con eso me pasé siempre llenándoles la cabeza [a los presidentes]. Con Peña

Nieto comí cuando recién asumió; él vino a Chile y después acá, al Uruguay, y bueno, le pudrí la cabeza con que tratara de acercarse un poco a Brasil. Y en Brasil también los he jodido con que se dejen de desconfiar de México. Cuanto más lejos estemos, peor estamos. Y México, bueno, ¡qué desgracia!, sigue siendo cierta aquella afirmación de Porfirio [Díaz]: «Tan lejos de Dios y tan cerca de Estados Unidos». ¡Por favor! México pone los muertos y la plata se va para el norte, ¡porque el mercado de la droga está allá!

SAÚL. Don Pepe, y la izquierda en México, ¿cómo la ve?

PEPE. ¿La izquierda en México? ¿Qué me dices de López Obrador?

SAÚL. Me parece bien que haya hecho a un lado a los partidos políticos de izquierda que teníamos; solo estaban ahí para hacerle el juego a la derecha. Si vemos las elecciones anteriores, tanto en el 2012 como en el 2006, esos partidos «aliados», como el PRD [Partido de la Revolución Democrática], eran un lastre. Creo que López Obrador se dio cuenta a tiempo de que había que crear un nuevo polo y creó su partido, MORENA. Creo que hizo bien. Y ahora vemos empresarios, diarios estadounidenses y demás señales que están diciendo «va para allá» [en referencia al posible triunfo de López Obrador en el 2018].

PEPE. Y el efecto Trump lo va a ayudar [a López Obrador]; lo está empujando para allá.

SAÚL. Sí, y también lo ayuda Peña Nieto.

PEPE. También, claro, ¡se mandó cada cagada...!

SAÚL. En López Obrador veo tres cosas que en México me parecen muy poco comunes: es un tipo honesto, es un tipo comprometido y es un tipo con experiencia. Sin embargo, no soy de la idea de que él va a ser la solución absoluta; de ninguna manera.

PEPE. ¡No, claro que no! Ningún hombre solo.

SAÚL. Ningún hombre solo puede ser la solución. Y sí, efectivamente, un gran problema en México es la corrupción, como dice López Obrador, pero para mí, en México y en cualquier lado, el tema principal debe ser incrementar la participación de la gente en las decisiones, como hemos estado diciendo, ampliar la participación de la gente, la autodeterminación colectiva. Entonces, ahí concentro yo mi atención, pero con estas tres cosas que le veo a López Obrador creo que es posible avanzar muchísimo. Veamos qué pasa. Pero si él no lo entiende esto, si no se suman López Obrador y la izquierda en general a colocar como estrategia central el traspaso del poder de decisión a la gente, pues puede que ganen elecciones y tengamos algunos presidentes progresistas, pero en realidad así nada va a cambiar nunca. Y lo peor es que esos presidentes progresistas son excepciones históricas en México; regularmente regresa la derecha y se instala durante décadas. Un factor inédito e interesante en el electorado mexicano actual es que por primera vez ya todos saben que el PRI [Partido de la Revolución Institucional] y el PAN [Partido Acción Nacional] son lo mismo. Ya vivieron setenta años del PRI, luego fue el PAN dos sexenios y vino el PRI de nuevo, con Peña Nieto, y ahora queda por primera vez algo totalmente claro: son lo mismo. Es la primera vez que el electorado mexicano tiene eso enfrente, y súmese Trump, súmese Peña Nieto, súmese la caída del peso mexicano, la violencia del narcotráfico, la inmensa corrupción… En fin.

PEPE. Sí, sí. Es muy serio.

SAÚL. Pero parece que México está por cambiar, definitivamente. Algo va a pasar.

PEPE. Sí, algo va a pasar.

SAÚL. ¿Cree usted que haya la posibilidad de una confluencia Lula-Obrador?

PEPE. Sí, pienso que sí. Y es fundamental, nos jugamos la vida en eso. Yo soy muy amigo de Lula; a López Obrador no lo conozco. Ahora que estuve en México [octubre del 2016] no quise meterme, porque no había el panorama que hay hoy [enero del 2017]. Ahora está mucho más polarizado México; tiene una velocidad de deterioro galopante.

SAÚL. Es que se ha acumulado la irritación de una manera exagerada.

PEPE. Un impresionante rasgo cultural de México es que tiene una tradición de recoger gente y de aceptar gente que venga de todos lados. No sé si fue aquello de Cárdenas recibiendo a un millón de españoles que quedó como un sello de la cultura mexicana. Tuve muchísimos compatriotas que vivieron en los tiempos de dictadura en México y los trataron impecablemente, pero con una condición: «No te metas en la política mexicana». Eso también es característico de México; gran respeto y amparo, pero no te metas en la política mexicana. Entonces yo traté de mantener esa distancia.

SAÚL. Pero ¿qué tal Felipe Calderón? Él sí va y se mete en Venezuela y en todos lados.

PEPE. Se mete en todos lados, sí; estamos sintonizados. Uno puede ser neutral hasta determinado momento, después se acabó. Yo, por ejemplo, no me quiero meter en la política brasilera, pero soy amigo de Lula. Y fijate que tengo admiración por los mexicanos, aunque te parezca mentira, porque he visto la conducta de todos los latinoamericanos dentro de Estados Unidos, y los que mantienen su identidad son los mexicanos. Tal vez es la pata azteca, el sustrato indígena que está ahí entreverado, no sé, pero México tiene una fortaleza de cultura; hay un sello mexicano, a pesar de todos los pesares, porque lo agringaron y todo lo demás… Por eso aquello que dijo Porfirio: «¡Pobre México! Tan lejos de Dios…

SAÚL. … y tan cerca de Estados Unidos».

PEPE. Es demasiado bárbaro lo que hizo Estados Unidos con la historia de México; eso es inolvidable para cualquier mexicano. Pero, bueno, vamos a ayudar lo que podamos.

Y con Trump les quieren poner un muro, ¿no? [comienza a reír]. Me decían en Tijuana hace poco: «El muro lo podemos hacer nosotros, y lo pagamos, pero vamos a hacerlo en la frontera vieja» [todos ríen].

SAÚL. Ah, bueno, así sí. ¡Eso me parece genial!

PEPE. Tres dólares cincuenta el salario por día en la maquila en Tijuana. Con eso no paga ni media hora de un asalariado norteamericano. La puta madre.

SAÚL. Creo incluso que en México tenemos el segundo salario mínimo más bajo de Latinoamérica. Pero hay tanto dolor, tanto sufrimiento, tanto aplastamiento en el pueblo mexicano, que estamos en un clímax.

PEPE. Y todo esto es importante por Sanders, y porque por el año 2035 Estados Unidos va a ser la nación hispanohablante más grande del mundo. Hay una batalla de los vientres latinos en el norte.

SAÚL. Esa batalla sí la vamos ganando.

PEPE. Que es lo mismo que le va a pasar a Europa. Europa acaba café con leche [ríe]. Los atacan a los negros, pero no, no...

SAÚL. Y mientras tanto Latinoamérica, con un mercado y fuerza de trabajo joven, una población de más de seiscientos millones de habitantes, recursos naturales...

PEPE. ¡Tenemos coloso! Nosotros, en Uruguay, somos tres millones y medio de habitantes, pero este país produce comida para treinta millones de habitantes, y mal, sin mucho esfuerzo; podría producir más. Es difícil, es muy duro, es muy duro y va a haber muchos cataclismos y mucho dolor, pero hay esperanza también, hay esperanza.

SAÚL. Porque hay gente comprometida, Pepe, pero esto es importante que lo sepa también la gente joven, porque la integración latinoamericana no va a venir así por osmosis.

PEPE. ¡Claro, no por ósmosis! Porque cuando hablamos de la integración latinoamericana estamos hablando de un cataclismo geopolítico, complejo pero urgente.

* * *

SAÚL. Profesor Chomsky, en este contexto internacional, ¿qué podría decirnos de México y del proceso latinoamericano en general?

NOAM. Bueno, pues también creo que la frase de Porfirio Díaz sigue siendo cierta todavía. Estando tan cerca de Estados Unidos, México fue atrapado y se integró al Tratado de Libre Comercio de América del Norte [TLCAN], y desde entonces tiene prácticamente la tasa de crecimiento más baja de Latinoamérica. Su sector agrícola, por supuesto, fue arrasado, como se esperaba, y esto provocó un gran flujo de migrantes, personas que huyeron de las duras condiciones de vida.

El problema del narcotráfico en México tiene su base en los Estados Unidos. Tanto la demanda de drogas como la oferta de armas provienen en su mayoría de los Estados Unidos, pero a México lo están haciendo pedazos. Mientras no se termine esa supuesta *guerra contra las drogas* que emprendieron los Estados Unidos y que es extremadamente dañina en toda Latinoamérica, pero particularmente en México, hasta entonces México seguirá enfrentando problemas muy serios. En las cumbres regionales los países latinoamericanos mostraron esfuerzos por salir del contexto de la *guerra contra las drogas* de Estados Unidos. Uruguay ha dado algunos pasos significativos [legalización de la marihuana en el Gobierno de Mujica] y otros países también, pero México no se ha sumado, y debería hacerlo. Y sí, México tiene muchos problemas internos, pero no son insuperables, aunque va a ser muy duro.

h. Europa, ¿tan lejos de Rusia y tan cerca de Estados Unidos?

PEPE. Lo que más me asusta es la impotencia de Europa al haberse transformado en un polo que no tiene la capacidad de decidir por sí mismo.[11] Es increíble. Aquellos viejos conservadores, como De Gaulle, que pensaban que Europa llegaba hasta los Urales... Naturalmente, la paz de Europa debía haber incluido a Rusia y no segregarla, pero lo que hicieron fue tirarla para el otro lado; se la están regalando a China. Desde el punto de vista geopolítico son unos chorizos [ríe], son unos chorizos... No estoy hablando de principios, estoy hablando de interés.

NOAM. Pero vienen cambios aún más drásticos. El orden mundial se está reacomodando, en parte como resultado de la guerra en Ucrania. Si se observa con detenimiento, desde 1945 el rol de Europa en el sistema global ha estado en juego. ¿Se transformará Europa en un tercer jugador dentro del sistema internacional o seguirá subordinada a los Estados Unidos dentro de la alianza de la OTAN? Charles de Gaulle fue el más prominente impulsor de la independencia de Europa, aunque siempre se vio superado por el poder estadounidense. Luego de la caída de la URSS, este se volvió un tema central. Mijaíl Gorbachov abogaba por un hogar común en Europa, de Lisboa a Vladivostok, con Rusia y los países del este como

---

11 Declaraciones de 2022.

socios del mismo peso para el desarrollo pacífico y cooperativo de Eurasia, pero los Estados Unidos presionaron por la alianza del Atlántico (OTAN), que desde Clinton comenzó a expandirse y nos tiene dentro del conflicto que vemos ahora en Ucrania. Putin, en su criminal estupidez, llevó a Europa al bolsillo de los Estados Unidos, reforzando la destructiva OTAN.

Pero todo esto conlleva un gran problema: **si Europa continúa dependiente de las decisiones de Washington, decaerá severamente.** Este declive de Europa ya está sucediendo, pero se mantiene e irá en aumento la tentación de acomodarse de otro modo para conservar los enormes flujos de exportación a China y el acceso a los recursos rusos y de Eurasia. De este modo, Europa tendrá que decidir pronto entre su declive como satélite de los Estados Unidos o llevar a cabo un reacomodo hacia un tipo de hogar común europeo, y esa decisión será sin duda un factor central en el próximo sistema global.

PEPE. Sí. Estoy atónito por la decadencia política de Europa, a tal punto que uno ve con «nostalgia», entre comillas, a viejos conservadores que tuvo Europa, que por lo menos veían un poco más lejos y tenían un poco más de dignidad. Precisamente como De Gaulle, que definía que Europa llegaba hasta los Urales y que se daba cuenta de que un proceso de paz tenía que incluir inevitablemente también a Rusia como parte de Europa. Sin embargo, la estupidez de la OTAN al romper el Pacto de Varsovia fue un paso sin la más mínima perspectiva política de largo plazo. Y creo que detrás de todo esto estamos viendo una especie de duelo en el cual Estados Unidos teme perder supremacía frente a China.

i. China, ¿el fin de la hegemonía estadounidense?

PEPE. Hace poco estuve en China de nuevo. Es otra China.

NOAM. Estuve ahí hace como dos años y, bueno, aún hay mucha pobreza.

PEPE. ¡Sí! Adentro hay mucha pobreza.

NOAM. Con todo su gran desarrollo, sigue siendo un país relativamente pobre y con serios problemas ecológicos, entre otros.

PEPE. Muy serios, con falta de agua dulce y mucha contaminación. Mucho uso de carbón.

NOAM. Están siguiendo un plan de desarrollo muy puntual, pero tienen grandes dificultades.

PEPE. Sí, [los chinos] son muy tenaces.

NOAM. Estuve en Beijing, y cada día se levantaba un nuevo rascacielos. Pero, por otro lado, si te adentras más en el país, descubres que sigue siendo muy pobre. Tienen proyectos de desarrollo desde Asia central hasta Europa, proyectos extremadamente ambiciosos, y podrían transformarse en algo geopolíticamente muy importante. Por otro lado, los conflictos en el mar del sur de China pueden volverse muy peligrosos y no hay una solución simple para eso. Es decir, hay un conflicto sobre el control del mar que fue establecido durante el período imperial. Japón controla una enorme parte del Pacífico y el Pacífico sur desde los días de su poder imperial; Estados Unidos claro que controla también una gran parte, y China intenta dominar su propia región. Ese es un conflicto con el que va a ser muy difícil lidiar.

PEPE. Y hay otro punto peligroso del conflicto: lo que pasa en la meseta del Tíbet con el agua. Va hacia en Ganges, va hacia el Mekong, el río Amarillo. Ahí va a haber una gran disputa por el agua dulce. Muy peligroso. Los chinos están haciendo obras muy grandes para llevar agua hacia el desierto, hacia Pekín.

NOAM. ¿Es también la fuente del Himalaya para el agua dulce de la India?

PEPE. Sí, claro. Es el tercer polo.

NOAM. Y con los Himalayas derritiéndose, podría ser un problema para toda Asia.

PEPE. Sí, por eso. Para toda Asia, y para la humanidad.

NOAM. Especialmente India y Pakistán, que se alimentan de los mismos suministros de agua. Y, por supuesto, todos tienen armas nucleares.

PEPE. Son millones, millones de personas.

LUCÍA. Y Vietnam. Vietnam también.

III.
Valores para el siglo XXI

a. Amor y vida

SAÚL. Profesor, ¿qué significa para usted una vida bien vivida?

NOAM. Bueno, podemos comenzar a responder eso con lo que dice Omar Khayyam: «Una hogaza de pan, una jarra de vino y esa persona» [abraza a Valeria y sonríe]. Y a partir de eso seguimos.

SAÚL. Don Pepe, ¿qué es el amor?

PEPE. ¡¿El amor?! Bueno, a mi edad es una dulce costumbre, una costumbre acogedora, solaz. Creo que, como en todas las cosas, el amor tiene edades; el tiempo opera sobre todas las cosas. El amor llega y cambia: es volcánico cuando somos jóvenes, y a mi edad lo defino como una dulce costumbre; como un acostumbramiento de cosas cotidianas poco importantes en apariencia, pero que al final son las únicas importantes [sonríe junto con Lucía].

SAÚL. Profesor Chomsky, ¿qué opina usted del amor?

NOAM. Yo no creo que el amor cambie con el tiempo. Si regresamos a los clásicos, a Homero, los griegos fueron a la guerra porque robaron a Helena. Penélope entonces tejió alfombras durante diez años esperando el regreso de Odiseo. Es decir, a veces puedes estar esperando sin saber que esperas algo. Yo esperé muchos años antes de que Valeria apareciera, y de pronto conocí un nuevo tipo de amor. Creo que el amor es permanente.

SAÚL. Ustedes [Noam y Valeria] están juntos desde el 2014, ¿cierto?

VALERIA. 2013.

NOAM. Eso demuestra que puedes encontrar el amor a los 87 años [todos ríen].

VALERIA. No, tenías 84 [dice riendo].

NOAM. ¡Es cierto! [sonríe].

LUCÍA. Bueno, nosotros tenemos un amigo, antropólogo, que encontró el amor a los 94. Y me escribió un mail que decía: «¡Llegó la primavera!» [todos ríen]. Lo habíamos invitado, pero tenía un compromiso y no pudo venir. Es un hombre muy especial.

PEPE. Es increíble. Daniel Vidart se llama. Más o menos cada dos meses está sacando un libro. Es antropólogo.

LUCÍA. Este profesor, Vidart, nos decía que cuando era joven hacía planes para varios años; después se fue haciendo más viejo y planeaba para meses; ahora se hace un plan para cada día [todos ríen].

NOAM. Bueno, conmigo fue algo diferente [toma la mano de Valeria]. Yo tenía contemplado que mi vida algún día terminaría, pero ahora planeo vivir para siempre [todos sonríen].

SAÚL. Don Pepe, ¿qué significa darle sentido a la vida?

PEPE. **Me parece que la pequeña diferencia que tiene el hombre frente al resto de los animales es que, hasta cierto punto, el ser humano le puede dar sentido y orientación a su vida.** Y esa es la oportunidad que tenemos estando aquí: darle sentido a nuestra vida, darle un rumbo. Porque, si no lo hacemos nosotros, será manejada por el mercado, y eso plantea un dilema. No hay que esperar a tener un mundo mejor; hay que luchar por un mundo mejor y es posible un mundo mejor. Pero cada uno de nosotros tiene un mundo mejor que construir dentro de sí mismo, y eso es ser dueño de su propia vida, no dejar que se la manejen desde fuera. Para eso no se precisa llegar al poder ni cambiar las relaciones de propiedad ni nada; se precisa pelear dentro de nuestra cabeza. Eso es posible, y ese es el mensaje más fuerte que hay que transmitir a los jóvenes: **si no podés cambiar el mundo, podés cambiar vos, no dejarte dominar; eso es más que suficiente.**

¿Por qué? Porque al fin y al cabo el milagro mayor que hay es la vida. Mirá, cuando yo era más joven era humanista, me parecía que la vida humana estaba en el centro. Pero ahora que estoy viejo soy menos humanista; ahora amo la vida, la vida de un pastito, la vida de una hormiga, la vida de una cucaracha... ¡La vida!, esa diferencia que nos separa de lo inerte. A ese mundo pertenecemos.

En el fondo, es una cuestión filosófica. ¿Cuál es el sentido de la vida? ¿Será recibir fríamente la escalera del famoso progreso y que pase cualquier cosa, o será tratar desesperadamente de incidir en que el progreso contribuya a multiplicar la posibilidad de felicidad humana? Esa es la cuestión. Pero, además, algún día serán viejos, se mirarán al espejo y van a tener enfrente este dilema: ¿Gasté mi vida traicionándome a mí mismo? Es decir, ¿me he pasado la vida pagando cuentas y confundido, creyendo que el progreso significa estar enganchado con una sociedad consumista que me lleva para adelante con una presión de marketing, o soy dueño del rumbo de mi vida? Esta es la cuestión. Tal vez no puedas cambiar el mundo, pero podés aprender a caminar dentro del mundo sin que la corriente te lleve.

SAÚL. A propósito de la vida y de los jóvenes, el suicidio y la depresión son una crisis que enfrenta mi generación. Los índices son alarmantes. La mayoría vive con ansiedad crónica. ¿Qué opina de esto?

PEPE. Todas las cosas vivas, todas, estamos programadas para querer vivir. Los humanos tenemos el privilegio de tener consciencia, pero no somos distintos de los otros bichos. Tratamos de vivir, y deberíamos ser conscientes de que el mayor milagro que hay es nuestra existencia, haber nacido. Venir del mundo de la nada, saber que vamos al mundo de la nada, y darnos cuenta de que este pedacito de la vida es la verdadera aventura; darnos cuenta de que, a pesar de todos los dolores que puede significar esta experiencia, no hay ningún bien mayor que la aventura de vivir. Pero, como empiezan a mirar para el costado y somos animales sociales, si tienen fracasos o dificultades con el mundo social les parece que están derrotados, cuando en realidad en la vida no hay ningún triunfo definitivo. **¿Sabés cuál es el único triunfo en la vida? Levantarse y volver a empezar cada vez que uno cae.**

Es decir, lo más notable es el camino de la vida, el gran premio es el camino de la vida, y por eso es un contrasentido que la naturaleza nos programe para que tratemos de vivir y nosotros nos quitemos la vida. Esa es una enfermedad que se nos mete adentro y está cada vez más presente en las masas de hoy. ¿Por qué? Porque tenés que ser competitivo, porque tenés que triunfar, porque tenés que acumular... En fin. Al final vas a llegar al mismo lugar adonde llegamos todos: la muerte. Y esa locura, que a veces viene acompañada de una tremenda soledad dentro la multitud, lleva a la gente a tomar decisiones contra la vida.

Perdón, pero a mí no me vengan con que... ¡No puede ser eso! Mirá, [Saúl,] yo he estado apretado, hermano; pasé siete años [encarcelado] sin poder leer un libro, y la noche que me tiraban un colchón para dormir me ponía contento, un colchón en el suelo. Llegué a guardar algunas migajas para unas ratas que venían a eso de la una o a las dos de la mañana, las tenía racionadas; ellas venían contentas y yo les daba una miguita. Así aprendí que las hormigas gritan, en la soledad, y no me morí, seguí el curso de la vida. No podemos ser tan débiles de renunciar a la aventura de vivir y creer que hay alguna solución quitándonos la vida, si la verdadera aventura, el verdadero milagro, es haber nacido.

Por eso es indispensable tener una causa para vivir; solo así podrás levantarte al caer. Y no digo que tengas la misma causa que tenemos algunos locos que soñamos con cambiar la sociedad en la que vivimos, porque tener una causa puede ser la pasión científica, o la pasión deportiva, o la pintura, o pescar, o jugar al fútbol, o echarte panza al sol, ¡o lo que sea!, pero hay que tener alguna pasión que se transforme en la causa de tu vida. Porque en todo lo demás venimos ya programados; la biología determina casi todo, y encima de eso tenemos la brutal presión civilizatoria de las sociedades que hemos creado. Pero, a diferencia de los otros animales, podemos torcer en algún sentido el rumbo de nuestra vida, y esa es la verdadera libertad: cuando tomás la decisión por encima de quienes quieren imponer las circunstancias y elegís el rumbo en el que vas a gastar tu vida. En general creo que la gente que se suicida tiene alguna frustración muy fuerte y cree que el mundo se termina ahí, **pero en el mundo se aprende mucho más con las derrotas que con los triunfos, siempre y cuando las derrotas no te destruyan, y eso depende de ti.**

SAÚL. ¿Cuál será la diferencia entre alguien que se juega la vida por una causa y quien se la quita por una pena?

PEPE. Claro, hay diferencia, porque quitarse la vida es abdicar, es definitivamente sentirse derrotado, es conceder el triunfo del mal sobre nosotros, es perder la esperanza, perder el sueño, perder la utopía, no tener más nada. El que no se rinde puede estar incluso muy equivocado, pero tiene un horizonte, tiene un camino, tiene un rumbo. Es decir, podés cometer algún error, pero no sacrificás la esperanza. No podés vivir sin esperanza, porque al final la vida es verde, es sonriente, a pesar de todos los pesares. El problema es sentirse derrotado, aplastado, terminado, pero mientras las tripas estén vivas nadie está derrotado.

De modo que hay una enorme diferencia. Grandes partes del progreso humano fueron fruto de gente que se jugó la vida, y a veces hasta pagó con su vida por la osadía que planteaban. Por ejemplo, a aquellos trabajadores de Chicago que peleaban por las ocho horas de jornada laboral, ¿cuánto tienen que agradecerles a ellos las demás generaciones de trabajadores? Seguramente muchos se jugaron la vida y fracasaron, fracasaron en el corto plazo, pero hicieron triunfar a la humanidad en un paso gigantesco. Casi todos los sucesos del progreso ético de la sociedad suponen gente que tuvo que sacrificarse y jugarse la vida.

SAÚL. Don Pepe, ¿qué significa para usted la vejez?

PEPE. ¿La vejez? Pues es... Me parece que es un proceso natural de las cosas vivas, pero, desde un punto de vista concreto, es tener sucesivamente un montón de pequeños dolorcitos que no tienen explicación [dice sonriendo], que se van y que se vienen, ¡pero cada día son más! [ríe]. Pero, si nos ponemos un poco serios, la vejez significa que nos estamos acercando al misterio de eso a lo que no podemos dar respuesta: ¿de dónde venimos y adónde vamos? Pronto seremos digno silencio mineral, por lo menos para los que no creemos en el alma y en todo eso [dice entre risas].

NOAM. Bueno, mi opinión al respecto ha ido cambiado con el tiempo. Cuando tenía diez años pensaba que la idea de la pérdida de la conciencia [la muerte] era horrenda, una catástrofe. ¿Cómo sabes siquiera si el mundo va a seguir existiendo si tu conciencia desaparece? Para cuando había cumplido los quince años ya había superado esto, al reconocer que simplemente pasamos de ser polvo a ser polvo de nuevo, y en medio de eso tienes un período de vida. Pero, a medida que transcurre la vida, tu perspectiva va cambiando. Mi primera esposa murió de cáncer; yo la cuidé durante dos años mientras ella estaba muriendo de una muerte horrible, viviendo en casa con cáncer de pulmón. Esto fue hace diez años. Ella siempre estaba en casa y la cuidé, nunca la dejaba sola, pero se fue reduciendo esencialmente a la infancia poco a poco, hasta que simplemente desapareció. En ese momento asumí que yo seguiría con mi trabajo y que eventualmente desaparecería también, ¡pero luego Valeria apareció por arte de magia!, y entonces decidí que soy un hombre joven [todos sonríen].

PEPE. Bueno, al final la mejor explicación es la de Tirso de Molina: cuando pienso que me voy a morir, tiendo la capa y me acuesto a dormir [todos ríen].

NOAM. Mi ideal de vida ahora, suponiendo que el mundo y sus problemas desaparecieran, sería vivir en la casa de ensueño que encontramos hace poco, y solo vivir allí con Valeria. Solo vivir allí con ella, con nuestro perrito y nuestras gallinas [sonríe].

PEPE. ¡Muy buen proyecto!

NOAM. ¡Y hay mucho trabajo todavía que quiero hacer! Trabajo creativo, sin duda.

PEPE. ¡Nosotros de acá [su casa] vamos a salir pa'l cementerio! [todos ríen] ¡Mejor, al horno!

SAÚL. Profesor, ¿por qué ser ateo?

NOAM. No sé ni si me calificaría como ateo. Para ser ateo tienes que negar la existencia de algo, y ni siquiera sé qué o cómo es eso que hay que negar.

SAÚL. ¿Agnóstico entonces?

NOAM. No, tampoco es ser agnóstico. Es… Hay una afirmación de que algo existe [más allá]; no tengo idea de qué es ni tengo ninguna actitud hacia ello. Si la gente quiere creer en eso, es su problema, pero yo no.

SAÚL. ¿Y qué opinión tiene del ateísmo militante [aquellos que combaten activamente la fe de los creyentes]?

NOAM. Tengo sentimientos encontrados al respecto. Creo que tiene sentido alentar a las personas a cuestionar por qué aceptan creencias sin fundamentos, y si esas creencias conducen a comportamientos dañinos para ellas mismas o para los demás, hay que desafiar eso. Por otro lado, si las personas eligen tener creencias porque de alguna manera eso enriquece su vida o las hace sentir mejor, o si a partir de ello forman una comunidad de la que son parte, cosas inocuas como esa, me parece bastante legítimo y no tengo ninguna crítica, siempre y cuando no dañe a otros.

* * *

PEPE. [Saúl,] ¿Sabés qué me pregunto a veces?: ¿por qué me apuré tanto para nacer? Me hubiera gustado esperar un poco más y poder vivir esta batalla con ustedes [los jóvenes].

SAÚL. Sí, se vienen cosas interesantes, pero muy duras también.

PEPE. Precisamente. Por supuesto que van a ser durísimas; todo esto que está pasando va a tener costos tremendos. Fijate en Putin y los demás, que ahora dicen que van a multiplicar el poderío atómico… ¡Lo que menos precisamos es poderío atómico, no jodas! Precisamos mortadela y leche en polvo para África, ¡y agua, agua dulce! Hay mujeres que caminan cinco kilómetros para conseguir dos baldes de agua sucia, ¡por favor! Por eso no podemos seguir conformándonos con el concepto de desarrollo económico. **El concepto de desarrollo económico debe llevar a caballo el concepto de felicidad humana.** ¿Para qué querés desarrollo económico?, ¿para que la gente viva como en Japón, con una tristeza y una angustia terribles y arrancándose la vida? ¡No, pará! Viven más felices los pueblos aborígenes que están por ahí, solos en la naturaleza. Porque también hay que definir a la vida como el bien mayor, para cada uno de nosotros, y sacar, sacar…

SAÚL. … sacar al capital del centro, sacarlo de ahí.

PEPE. ¡Sí! En el centro debe estar la vida.

b. Felicidad y libertad

SAÚL. Don Pepe, ¿qué es una vida bien vivida?

PEPE. Creo que es cuando uno gasta la mayor cantidad de tiempo en lo que le gusta, en lo que lo motiva. Y no puede haber felicidad sin libertad. Felicidad no es solo una cosa sensorial, **felicidad no es equivalente a placer; felicidad es equivalente al equilibrio de sentir que uno está cumpliendo con alegría y con ganas en lo que se compromete.** Para vivir hay que trabajar, claro, pero la vida no es solo trabajar, hay que tener tiempo para vivir; por lo tanto, la sobriedad es parte de ganarse la libertad. Ahora, si el mercado se va a llevar todo el tiempo de mi vida para que tenga que vivir pagando cuentas y acumulando cosas, no soy libre.

NOAM. Y, cuando existe esa libertad, el trabajo puede ser la parte más satisfactoria, o una de las partes más satisfactorias de la vida. Estar involucrado en un trabajo creativo bajo tu propio control es una experiencia incomparable, y el hecho de que las personas se vean privadas de eso es algo que tiene que ser superado. Eso es algo que cualquiera puede hacer, ya sea investigar en un laboratorio de física o arreglar su automóvil en el garaje el fin de semana; son cosas en las que las personas realmente pueden encontrar satisfacción en la vida, como dices.

PEPE. Creo que la libertad tiene planos, y la más difícil de las libertades, que es la lucha que tenemos que agradecerle a Noam, es mantener libertad en nuestro pensamiento. Esto quiere decir no ser dogmático, tener la cabeza abierta y tratar de percibir la realidad en sus matices, en sus grises, en sus negros; no ser fanático a pesar de ser apasionado, que no es lo mismo. **Pero hay otra libertad, y es la libertad de tener márgenes crecientes de tiempo libre cada uno de nosotros para cultivar los afectos, para cultivar las cosas elementales de la vida que nos son gratas y que necesitan tiempo: tiempo para los hijos, tiempo para los amigos, tiempo para la familia, tiempo para las cosas elementales.** La sociedad de consumo, de hiperconsumo, que me hace pagar y pagar y pagar, y vivir desesperado, me roba la libertad, porque tengo que transformar mi tiempo libre en moneda para poder pagar lo mucho que tengo que comprar. Y, cuando compro, no compro con plata; estoy comprando con el tiempo de mi vida que tuve que gastar para tener esa plata. Creo que hay que ser avaro con el tiempo de nuestra vida, que es la única cosa importante, porque soy libre en ese momento en que hago lo que me gusta, y no soy tan libre cuando no hago otra cosa que cumplir una obligación para vivir.

Pienso que el concepto de desarrollo que ha metido la cultura capitalista es muy pobre, y que el mensaje de la propia izquierda ha dejado como olvidado, como en el tintero, el problema de la felicidad humana y de la libertad necesaria para tener la felicidad. Porque claro que precisamos desarrollo, ¡pero precisamos también un poco de vida humildemente feliz! Por eso insisto en que hay una cosa muy importante y desatendida: el tiempo humano para cultivar los afectos.

El hombre es, como especie, un animal profundamente afectivo, enormemente emocional. Pero el afecto lo dan las cosas vivas, no las cosas inertes, y el cultivo del afecto lleva tiempo, hay que dedicarle tiempo. Al fin y al cabo, ese mundo de las relaciones humanas, de los amigos, de la familia, de los hijos, del amor, según la etapa de la vida en la que estemos, será más fuerte en un sentido o en el otro, pero siempre el afecto lleva tiempo. Y si no hay tiempo se sacrifican los afectos y se cae en disparates. **Muchos dicen «yo no quiero que a mi hijo le falte nada» ¡y le terminás faltando vos!, porque no tenés tiempo, porque te vas de madrugada a trabajar y venís de noche, y apenas le das un beso cuando está dormido. Pero ¡¿quién te dijo que precisa tanta cosa?! Te precisa a vos.** Y de eso está lleno el mundo moderno. Cuando digo *manejar la libertad* significa manejar tu tiempo, no enajenarlo, para que puedas cultivar los afectos, porque si te dejás robar todo ese tiempo, ¡adiós tu vida afectiva!, y no se puede vivir sin afecto.

Creo que este es un problema contemporáneo y está en todas las megalópolis, en todas las ciudades del mundo de hoy. Hay que pelear por una cultura de la felicidad, pero tangible. Hay que entender que no se precisa llegar al poder o esperar a que cambie el mundo o la sociedad. El que hoy puede cambiar soy yo; puedo cambiar y así reservarme tiempo para las cosas elementales y no dejarme esclavizar.

c. Comunidad y solidaridad

PEPE. Los seres humanos precisamos comunidad, precisamos familia, todo eso. Entonces, los jóvenes que piensan distinto tienen que crear familias distintas, grupos humanos distintos. Llamale organizaciones, sindicatos, agrupaciones, partidos, cooperativas, clubes; no importa el nombre, pero hay que crear familias, juntarse con los iguales o los que piensan parecido, construir mundos colectivos y no quedarse solos, porque solos estamos inmersos en una sociedad que nos envuelve. Tenemos que juntarnos para transmitirnos y para defendernos. Serán sindicatos, clubes, sociedades barriales, clubes de amigos, no sé y no importa, pero **hay que juntarse con los que piensan parecido y hacer cosas. ¡Ya!**

Lo que pasa es que en la sociedad moderna también hay mucho escapismo, y esto debe reflexionarse también para no confundirse. Mirá, hay mucho rebelde que agarra una bicicleta y se va hasta la Patagonia o hasta Colombia, se comunica por internet con amigos, trabaja quince días en un bar y se va... Y sí, su rebeldía es hermosa, pero se transforma en un transeúnte continental, y eso no es otra cosa que una respuesta individual. Es válida, pero **pienso que la lucha obliga a recrear seres colectivos, no seres individuales. Precisamos menos *yo* y más *nosotros*.**

NOAM. Hoy todo es diferente, pero realmente no lo es tanto. Es decir, si te remontas a las décadas de 1930 o 1940 —lo recuerdo por mi propia experiencia—, los jóvenes éramos miembros de grupos. La gente joven no confrontaba al mundo sola; uno era miembro de grupos de activistas de izquierda, de algún grupo cultural o de algo, y así trabajábamos en conjunto para afrontar los problemas que se nos presentaban. Y sí, en esos grupos había gente mayor que podía ayudarte, pues tenía experiencia y tenía conocimiento; ellos podían ser recursos, pero no podían decirte qué hacer. Ellos lo más que hacían era alentarnos a pensar por nosotros mismos, siempre en un grupo, naturalmente, porque como individuos es casi imposible. Esto último lo sabemos incluso en la ciencia. Es muy raro trabajar individualmente en la ciencia; generalmente se trabaja en colectivos, y las nuevas ideas muy a menudo vienen de los más jóvenes.

Una de las experiencias en la docencia es que hay mucha diferencia entre enseñar a estudiantes universitarios y a estudiantes de posgrado. Los de posgrado ya están más o menos formados, con muchas buenas ideas y todo, pero son un tanto predecibles. Los estudiantes universitarios aún no están formados, y comúnmente salen con pensamientos emocionantes que a uno nunca se le habrían ocurrido, simplemente porque están apenas abriéndose camino. Esas son las cosas que debemos alentar.

PEPE. ¡Es grave! Los que están formados ya están deformados…

NOAM. Por ejemplo, Valeria y yo estuvimos en Tucson el año pasado. Unos amigos nos llevaron a una escuela primaria en un barrio muy pobre, un barrio de mayoría mexicana, con familias involucradas en drogas y disfuncionales en muchos aspectos. Había un problema terrible de deserción escolar en esta primaria, problemas disciplinarios, nada funcionaba; pero introdujeron un programa en el que comenzaron a desarrollar huertos y cría de animales, y los niños se involucraban; incluso llevaron estudios científicos para determinar cuestiones como los nutrientes para sus cultivos y todo lo demás. Cuando Valeria y yo llegamos allí, nos presentaron este proyecto dos niñas que tenían tal vez ¿10 o 12 años? Pero eran muy seguras de sí mismas y nos describieron en detalle cómo funciona la cosecha, cómo organizaron todo, cómo lo iniciaron... La tasa de deserción escolar ha bajado a cero y ya no hay problemas disciplinarios; los niños están emocionados y ¡tienen nuevas ideas! Esto son niños, ¡pero algo así se puede hacer a toda escala! ¿Cierto?

SAÚL. ¡Seguro que sí! Don Pepe, a propósito de esto, usted y Lucía están haciendo una escuela aquí al lado de su casa, ¿verdad? Podrían implementar un esquema así.

PEPE. Sí. Es que esta es una zona rural, hortícola, de producción de verduras. Y lo que mirábamos Lucía y yo es que quienes trabajan la tierra ya son pura gente mayor, vieja, y pensamos: ¡alguna verdura va a haber que seguir comiendo! Es decir, si no viene alguna gente joven a trabajar, ¡vamos a terminar comprándoles las verduras a los chinos! Entonces empezamos a luchar para hacer una escuela aquí y obligar al Estado a que aplicara un sistema de enseñanza acorde con todo esto, y en cuanto la terminemos de construir se la regalamos, ya falta poco. ¡Pero si no lo hacemos nosotros, el Estado no lo hace!

SAÚL. ¿Cómo lograron financiar la construcción? Vi que ya está muy avanzada.

PEPE. Vendimos un pedazo de tierra. ¡Uf!, años, nos llevó años. ¡Fijate que especulamos con el capitalismo! [dice riendo].

Nosotros habíamos comprado un pedazo de tierra barato; pasaron muchos años y lo vendimos mucho más caro, y eso lo invertimos en la escuela. ¡Por eso quería ponerles impuestos cuando fui presidente! ¡Si lo viví yo...! [ríen todos].

NOAM. ¡Creo que tal vez esto puede funcionar aquí! Esta escuela de la que les hablamos realmente ha revitalizado la comunidad. Los niños de la escuela ahora están produciendo frutas y verduras para la comunidad, y la gente de la comunidad se involucra. Entonces ahora forman organizaciones comunitarias, están trabajando junto con los niños de la escuela en los problemas de su propia comunidad. Todo esto se desarrolla a partir de programas que pueden brindar oportunidades para que los niños exploren sus propias capacidades creativas y todo eso que sea significativo para ellos. Comienzan por sembrar vegetales, luego descubren cómo pueden interrelacionarse los alimentos y las plantas con la producción animal y hacer sistemas sostenibles, cómo controlar el uso del agua y todo tipo de cosas, ¡y después integran a otras comunidades organizadas! Te hablo de una comunidad mexicana muy pobre y que, como puedes imaginarte, tiene muchísimas carencias, pero esto fue lo que sucedió ahí.

PEPE. Eso es lo ideal, ¡falta comunidad! El capitalismo nos fue separando de uno en uno, y hay que hacer un *nosotros,* hay que construir comunidad.

NOAM. Y todo esto se puede hacer en comunidades urbanas también. Creo que es completamente posible.

PEPE. ¡Sí! Pienso que ahí hay toda una oportunidad. Lo que pasa es que... la historia del leninismo y lo que pasó después inculcó en la izquierda la idea de que la única manera de avanzar es creando un Estado. ¡Eso nos ha llevado cien años de mitología y no funcionó! **Para los aimaras, pobre es aquel que no tiene comunidad; para Séneca, pobre era el que precisaba mucho.**

NOAM. A propósito de esto, te cuento que vi el efecto de la falta de comunidad con los aimaras en el norte de Chile. Verás, visité el norte de Chile y hay una comunidad aimara bastante marginada y aislada. Pasé un tiempo con ellos, y se cuestionaban seriamente incluso las posibilidades de preservar su cultura. Ahora, si echas un vistazo a dónde está ubicada esa comunidad, ¡resulta increíble! Hay una carretera que va de allí directo a Bolivia, y en Bolivia hay una gran comunidad aimara en desarrollo y fortaleciéndose, pero ellos en Chile ni lo saben. Las hostilidades entre Chile y Bolivia, que se remontan históricamente a razones que conocemos, son tan extremas que incluso la comunidad aimara no ha sido aún capaz de superarlas, no han podido aprovechar el pujante desarrollo aimara en Bolivia para fortalecer su propia sociedad y cultura en Chile. Pero todas estas son cosas que una izquierda activa podría ya haber superado.

PEPE. Sin duda.

NOAM. Y todo esto [problemas entre Bolivia y Chile] tan solo porque Inglaterra quería los nitratos [ríen Noam y Pepe irónicamente] para fertilizantes y pólvora. Le robaron a Chile para explotarlo. Creo que la izquierda latinoamericana por sí misma, con un cierto nivel de solidaridad, podría fácilmente resolver estos problemas.

PEPE. Es todo un desafío que tenemos por delante, pero... Mira, no sé si será buena, pero hay izquierda para rato en nuestra América.

NOAM. Aquí el problema es que puedes controlar a la gente cuando no trabaja junta; **por eso el esfuerzo de todos los movimientos populares, el movimiento obrero y otros, ha sido el de tratar de superar eso desarrollando la solidaridad, la interacción, la actividad comunitaria.** Y se puede lograr, a veces incluso de las formas más inesperadas. Claro que no lees esto en las noticias, porque no es el tipo de cosas que el poder quiere que sepas. Pero tomemos por ejemplo los movimientos de solidaridad por América Central en la década de 1980. Nada de eso había sucedido antes en la historia. Esta fue la primera vez en que la gente común dentro del poder imperial no solo protestó por las atrocidades, sino que se fue a vivir con las víctimas. Miles de personas [norteamericanas] se fueron a vivir con las víctimas en El Salvador, Nicaragua y otros lugares, solo para tratar de ayudarlas y tratar de protegerlas, simplemente por la protección que una cara blanca les daba.

Y esta era gente de comunidades conservadoras; en realidad, comunidades evangélicas más que nada, gente común y corriente, comprometida por un profundo sentido de solidaridad a trabajar con las víctimas de las atrocidades del Gobierno. Nunca había pasado nada parecido en la historia del imperialismo. Los franceses no se fueron a vivir a los pueblos argelinos; durante la guerra de Vietnam nadie iba a vivir a un pueblo vietnamita; pero en los años ochenta eso estaba pasando por todos lados. Eran miles y miles de personas de las partes más conservadoras del país, iglesias y otros. Esas son formas de solidaridad que nunca habían existido y se están desarrollando de muchas maneras, no siempre visibles, pero ahí están. Y es algo extremadamente significativo, creo yo.

Así es como se puede lograr el bien común, mediante organizaciones populares que trabajen para lograr fines progresistas en cooperación con otros. Y **la cooperación en estos días puede ser fácilmente internacional. Quiero decir que podemos hacer uso de los desarrollos tecnológicos para crear movimientos internacionales.** Ahora es posible para las personas en los Estados Unidos, Inglaterra o Alemania, trabajar directamente junto con personas en Ecuador, Bolivia, Sudáfrica y otros países para lograr fines comunes. Esto se puede hacer a un nivel que nunca antes había sido posible. Las oportunidades están ahí; lo que hay que hacer es uso de ellas.

PEPE. **Antropológicamente, el ser humano es un bicho socialista; el devenir y la historia lo hicieron capitalista.** Pero tenemos trescientos o cuatrocientos mil años existiendo en grupos familiares de treinta o cuarenta personas, y la peor pena que podía haber era que te echaran del grupo. Los cazadores primitivos no eran dueños del venado que cazaban; cada quien cumplía con lo que tenía que cumplir. Es decir, siempre vivimos en equipo; de no ser por eso no hubiéramos llegado hasta hoy. La historia, a partir de la mercadería, nos hizo individualistas y capitalistas. La cooperación tal vez es la clave, porque muy probablemente los neandertales nos hubieran hecho pelota [destrozado]. Ellos eran mucho más fuertes, pero no tenían la capacidad de cooperación que tienen los sapiens. Es una característica de nuestra especie, lástima que la dejamos por el camino. Si leés con atención el Quijote, verás el discurso de los cabreros; edad dichosa, siglos dichosos en que lo mío y lo tuyo no nos separaba. **La propiedad nos separó de la cooperación, y ahí hay una larguísima batalla**

cultural. Si queremos sobrevivir en el planeta y en el universo tendremos que volver a cooperar; no digo que igual que el hombre primitivo, ahora hay que hacerlo con los medios del hombre moderno; pero cooperar, porque cooperar no solo es negocio, es necesidad para sobrevivir.

SAÚL. ¿Podríamos decir que la lucha del siglo XXI sería transitar de una cultura individualista-competitiva a una cultura colectivo-colaborativa?

PEPE. Colaborativa, sí. Como el primer escalón de grupos humanos organizados, que para autodefenderse y para progresar avanzaron en equipo. Porque en realidad toda empresa es un equipo. Cuando te dicen que Fulano de Tal es infinitamente rico, él jamás pudo haber acumulado esa riqueza si no fuera valiéndose de muchísima gente que trabajó. Punto. Toda acumulación de riqueza significa que hubo mucha gente que trabajó para acumularla, consciente o inconscientemente, sujeta y conducida por la ley de la necesidad. Solo los pumas pueden vivir solos; están programados por la naturaleza así. Esos felinos hacen sociedad solo para aparearse, pero los humanos somos animales gregarios.

Suelo hablar mucho de las cuestiones de la naturaleza, pero ¿sabés por qué? En las soledades del calabozo estuve siete años sin libros [de los casi quince años que estuvo preso], y un día me hice esta pregunta: ¿Qué somos como animales? ¿Cuál es el disco duro que nos mete la naturaleza y cuál es el disco duro que nos meten las sociedades de mercado en las que vivimos? Porque la pregunta era esta: ¿no estaremos peleando contra el disco duro? De ser así, estamos fritos. No podía tener respuesta porque entonces había leído solo cosas de los clásicos, y los clásicos eran muy racionalistas, y yo no tenía libros ni nada. Años después de preso me puse a estudiar antropología, fui a ver a amigos antropólogos, y entonces se me encendió la mecha de la conducta humana. Hay que lidiar con el animal, hay que intentar domar adentro lo que es el animal y después lo que es la construcción consciente, pero tener en cuenta lo que es el animal.

Y me quedé pasmado de cómo ha vivido el hombre, cómo salió de África caminando de un lado para el otro. Es fantástica la historia. Me pregunté cómo llegaron a Nueva Zelanda, en medio del océano. No tenían teléfono, no tenían Google, no tenían nada de eso, y llegaron con mujeres y niños. Es admirable. ¿Sabés cómo se movían? Se movían en equipo, loco, precisamente; se movían en barras. Les costó casi treinta mil años llegar a América, pero llegaron, por todas partes, siempre con familias grandes que se respaldaban. Es la organización humana, y lamento que al parecer los únicos que saben estas cosas sean los ejércitos, que te hacen el grupo de fusileros con treinta y pocos tipos. Bueno, sé que nos estamos yendo por las ramas, pero lo que te quiero transmitir es que hay que estudiar al hombre como animal, después como civilización, y creo que la cooperación, ese afán de cooperar, es una característica brutal de la especie, la más digna que tiene. Pero el intercambio empezó a crear lo mío y lo tuyo, y creó una subconsciencia en la cual estamos.

[31]

[32]

[31-32] Quincho de Varela, Rincón del Cerro, Uruguay. Julio de 2017. Fotografía: María Secco

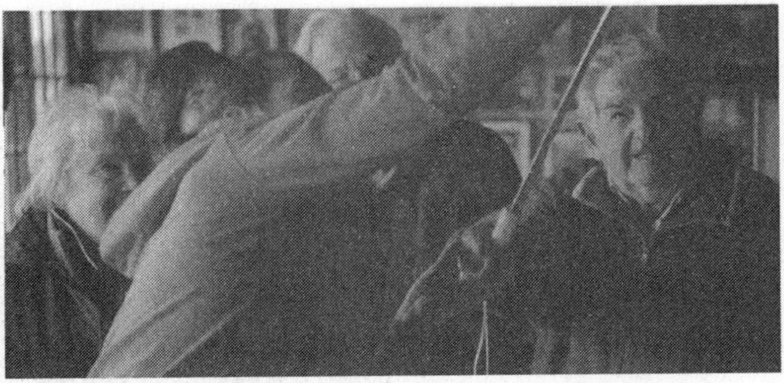

[33]

[34]

[35]

[33-35] *Selfie* de Lucía Topolansky, Valeria Wasserman, Noam Chomsky y Pepe Mujica. Quincho de Varela, Rincón del Cerro, Uruguay. Julio de 2017. Fotografía: María Secco
[36] Quincho de Varela, Rincón del Cerro, Uruguay. Julio de 2017. Fotografía: María Secco

[36]

[37]

[38]

[37-38] Auto de Pepe Mujica. Rincón del Cerro, Uruguay. Julio de 2017. Fotografía: María Secco

[39] 

[39] Equipo de filmación. Julio de 2017. Fotografía: María Secco

[40]

[41]

[40-41] Oficina del senador Pepe Mujica. Parlamento de la República, Montevideo, Uruguay. Julio de 2017. Fotografía: María Secco

[42]

[43]

[42-43] Llegando a la conferencia. Palacio Municipal de Montevideo, Uruguay. Julio de 2017. Fotografía: María Secco
[44] Hotel Radisson, Montevideo, Uruguay. Julio de 2017. Fotografía: María Secco

[44]

[45]

[46]

[45] Preparando el sistema de traducción simultánea. Conferencia de Noam Chomsky en el Palacio Municipal de Montevideo, Uruguay. Julio de 2017. Fotografía: María Secco
[46-47] Conferencia de Noam Chomsky en el Palacio Municipal de Montevideo, Uruguay. Julio de 2017. Fotografía: María Secco

[48]

[49]

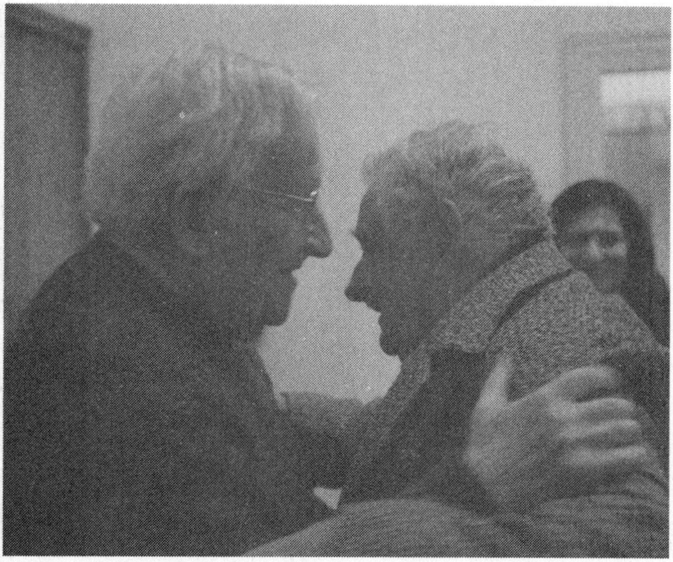

[50]

[51]

[48-51] Conferencia de Noam Chomsky en el Palacio Municipal de Montevideo, Uruguay. Julio de 2017.
Fotografía: María Secco

[52]

[53]

[54]

[55]

[52-55] Roger Waters, Noam Chomsky, Pepe Mujica y Saúl Alvídrez en reunión virtual (Zoom). Agosto de 2022

[56] 

[57] 

[56] Después del concierto. Con Roger Waters en Ciudad de México. Octubre de 2022. Fotografía: Julio Morales
[57] Increíble charla con Gabriel Shipton y John Shipton (hermano y padre de Julian Assange) en el hotel Hilton de la Ciudad de México. Septiembre de 2022. Fotografía: María Ayub

d. Democracia y autogestión

SAÚL. Hablemos de democracia, ¿qué es y en qué estado se encuentra en el siglo XXI?

PEPE. **La democracia significa, y tiene que significar, una distribución del poder de decisión entre la gente.** Toda autoridad siempre tiene algo de opresión; el desafío es si somos capaces de crear una civilización sin opresión, es decir, si los hombres somos capaces de gobernarnos a nosotros mismos sin ofender a los otros hombres. En eso soy libertario, como Noam.

NOAM. **En este momento, nuestra democracia es fundamentalmente una plutocracia. Se le llama *democracia*, pero esto no es democracia.** Tomemos por ejemplo el caso de los Estados Unidos, el modelo de la democracia durante los últimos cien años; echemos un vistazo a la forma en que realmente funciona. La mayoría de la población votante en los Estados Unidos está marginada políticamente, lo que significa que sus propios representantes no prestan atención a sus opiniones. Ese sector representa el setenta por ciento más bajo en riqueza e ingresos, y si vas subiendo en la escala de riqueza verás un poco más de influencia, pero en la parte superior es donde se toman las decisiones. Esa es más o menos la forma en que funciona en los Estados Unidos, y en Europa es aún peor. Uno de los defectos más graves de la Unión Europea ha sido poner el poder de decisión en manos de la burocracia de Bruselas, que responde a los bancos del norte, a los bancos alemanes;

no responde a la población. Por eso estamos viendo esta ira, miedo y perturbación entre la población como reacción. Eso es la democracia hoy.

Lo que debería ser la democracia es bastante sencillo. La democracia comienza con una población informada, empoderada y esperanzada, que comprende y reconoce que puede hacer cosas, que está en condiciones de hacer cosas por sí misma. Así que hay que romper las barreras de la pasividad y del miedo, y lograr que la gente entienda que el poder realmente está en sus manos si quiere usarlo. Y, después de eso, crear instituciones en las que las personas tomen colectivamente decisiones sobre los asuntos que les conciernen, los asuntos de la sociedad, incluso del mundo. Eso es democracia y se puede avanzar hacia allá de muchas formas, pero es indispensable hacerlo pronto, pues **el funcionamiento de la democracia es la principal línea de defensa contra el inminente desastre [ecológico y nuclear].**

En principio, en una democracia se escucha la voz del pueblo. Preguntémonos ahora qué podría pasar en los Estados Unidos si se respetara ese principio. Un efecto sería que la figura política más popular y respetada del país tendría un papel influyente, tal vez incluso sería presidente. Ese es Bernie Sanders, por un margen muy amplio. La campaña de Sanders fue la característica más notable de las elecciones del 2016. Rompió el patrón predominante de más de un siglo de historia política de los Estados Unidos. Un cuerpo sustancial de investigación académica en ciencias políticas establece de manera muy convincente que las elecciones en los Estados Unidos son prácticamente compradas; la financiación de campañas por sí sola es un predictor notablemente efectivo de elegibilidad, también para el Congreso y también para las decisiones de los funcionarios electos. Las investigaciones muestran además que una mayoría considerable del electorado, la más baja en la escala de ingresos, está efectivamente privada de derechos, ya que sus representantes no prestan atención a sus preferencias. **A medida que aumenta la riqueza, la representación política también lo hace, ligeramente, pero es en lo más alto, en esa fracción del uno por ciento más elevada, donde las políticas se deciden.** A eso llamamos hoy *democracia*, cuando debería ser llamada *plutocracia*.

Por eso la campaña de Sanders es tan significativa. Él era poco conocido, prácticamente no tenía apoyo de las principales fuentes de financiación, que son el sector empresarial y la riqueza privada. Sanders fue ridiculizado por los medios de comunicación e incluso usó la aterradora palabra *socialista* en su discurso, y aun así probablemente habría ganado la nominación demócrata si no hubiera sido por las trampas de los gerentes del partido Obama-Clinton. Supongamos que hubiera ganado; entonces podríamos escuchar declaraciones como esta sobre los derechos laborales: «No tengo ningún uso para aquellos, independientemente de su partido político, que tienen algún sueño tonto de atrasar el reloj hasta los días en que los trabajadores no organizados eran una masa acurrucada y casi indefensa. Solo un puñado de reaccionarios no reconstruidos albergan la fea idea de romper sindicatos. Solo un tonto intentaría privar a los trabajadores y trabajadoras del derecho a afiliarse al sindicato de su elección». Sin embargo, ese no es Sanders, es Dwight Eisenhower, cuando se postulaba a la presidencia en 1952. Eso es conservadurismo durante el gran período de crecimiento del capitalismo de Estado regulado, a menudo llamado la Edad de Oro de la economía estadounidense. Hemos recorrido un largo camino desde entonces; ahora estamos a punto de ver la desaparición de los sindicatos públicos, de lo poco que queda de ellos.

Entonces, según muestran los estudios de opinión pública, la democracia real sería bastante diferente, y lo mismo se aplica a una serie de otros temas, ya que ambos partidos se han desplazado muy a la derecha durante el período neoliberal; los republicanos hasta el punto en que respetados politólogos conservadores los describen como una *insurgencia radical* que ha abandonado la política parlamentaria. Una consecuencia de esto es la ira, la frustración y el desprecio por las instituciones formales de la democracia, que a menudo adoptan formas muy ominosas.

El hecho básico es que las poblaciones nunca votarían las políticas diseñadas por las élites, y algunas cifras simples revelan el porqué. En 2007, antes del colapso [financiero del 2008], en el apogeo de la euforia por los grandes triunfos del neoliberalismo y la economía neoclásica, los salarios reales de los trabajadores estadounidenses eran más bajos que en 1979, cuando el experimento neoliberal acababa de despegar. Una razón principal fue explicada por el presidente de la Reserva Federal, Alan Greenspan, cuando testificó ante el Congreso sobre la «maravillosa economía» que estaba gestionando y manifestó que «una mayor inseguridad de los trabajadores» mantenía bajos los salarios y la inflación. Lo que pasa es que los trabajadores están demasiado intimidados para pedir salarios decentes, beneficios y condiciones de trabajo dignas, algo que según los estándares neoliberales sería reflejo de una economía saludable.

Las medidas de justicia social también se deterioraron a lo largo de este período neoliberal. Los Estados Unidos, de hecho, se encuentran en el segmento inferior de los países desarrollados de la OCDE en medidas de justicia social, junto con Grecia, México y Turquía. Pero las ganancias estaban en auge, particularmente en la industria financiera, en gran medida depredadora, que explotó durante el período neoliberal y llegó a representar el cuarenta por ciento de las ganancias corporativas, justo antes del colapso del que, una vez más, la industria financiera era en gran medida responsable.

Un objetivo de las «reformas estructurales» neoliberales, como se les llama, fue revertir una caída de la tasa de ganancia que era consecuencia del activismo popular y la militancia de los trabajadores en los años sesenta. Eso se logró revertir en las últimas décadas, por lo que en ese sentido las reformas neoliberales fueron un éxito —al margen, claro, de los intereses de la población—. En tales condiciones, difícilmente se puede sostener una democracia. Lo mismo se verifica en Europa bajo el azote de los programas de austeridad neoliberal, que incluso los economistas del FMI reconocen como injustificados. Pero los burócratas del FMI escuchan diferentes voces, en su mayoría las de los ricos bancos alemanes. Esas son las voces que controlan la *troika:* el FMI, el Banco Central Europeo y la Comisión Europea; nadie los eligió, pero ellos determinan la política en Europa.

El economista Marc Weisbrot ha llevado a cabo una investigación cuidadosa y reveladora de la agenda que guía las políticas económicas destructivas, que no son ninguna sorpresa o novedad para Latinoamérica. Weisbrot estudió los informes de las consultas periódicas del FMI con los gobiernos miembros de la UE y descubrió «un patrón notablemente consistente e inquietante». **La crisis financiera [del 2008] que provocaron se aprovechó como una oportunidad para consolidar las reformas neoliberales:** recortes del gasto en el sector público en lugar de aumentos de impuestos, reducción de beneficios y servicios públicos, recortes en la atención médica, socavación de la negociación colectiva y, en general, avance hacia una sociedad «con menos poder de negociación para el trabajo y salarios más bajos, más desigualdad y pobreza, un gobierno más pequeño y menos redes de seguridad social, así como medidas que reduzcan el crecimiento y el empleo». Básicamente lo que sucedió en América Latina en las últimas décadas bajo el Consenso de Washington. Los llamados FMI Papers, concluye Weisbrot, «detallan la agenda de los responsables de la toma de decisiones de Europa, y han logrado bastante en los últimos cinco años». Una agenda que es muy familiar dondequiera que haya ocurrido el asalto neoliberal.

Y en Europa es igual: saben que la gente no votaría estas reformas, por lo que la democracia debe sacrificarse para asegurar que las reformas neoliberales se lleven a cabo. **El mecanismo para esto es sencillo: transferir la toma de decisiones a organismos no elegidos, como la *troika*.** Y la respuesta de la población en Europa se parece a lo que ha estado sucediendo en los Estados Unidos: las instituciones políticas centristas están desacreditadas; la desilusión pública, el miedo y la ira siguen aumentando dentro de la población, a veces tomando formas bastante ominosas.

SAÚL. Don Pepe, autogestión, ¿qué es y por qué es tan importante para usted ese concepto?

PEPE. Para mí la autogestión es la incorporación del sentido de dirección colectiva de la gente que trabaja, es aprender a gestionar en grupo el lugar donde uno trabaja, y lo tiene que hacer con un espíritu abierto y de participación democrática. Es sustituir la propiedad estatal y sustituir la propiedad privada por la propiedad colectiva de los que trabajan, pero no para quedarse con la propiedad, sino para transmitirla a las generaciones que vienen, administrarla y tratar de multiplicarla. También para entender que tenemos derecho, pero debemos ser responsables en el uso de los propios derechos. **Debemos salir de la época en que nos ordenan, nos mandan y obedecemos; nos tenemos que autoordenar y automandar.**

Si bien es cierto lo que te he dicho, tampoco es tan sencillo. He conocido puñados de trabajadores que han podido llevar hacia adelante empresas cooperativas y lo han mantenido a lo largo de los años, pero han tenido que soportar una guerra de afuera y otra de adentro. La de adentro es el sabotaje de la cultura individualista y consumista, que te presiona y te presiona. La de afuera es obviamente la competencia. Entonces se necesita un cascarón bastante duro, pero creo que el ser humano tiene capacidad para eso; ya antes la tuvo.

SAÚL. Don Pepe, hay ciertas matrices estructurales, como las empresas privadas o los partidos políticos tradicionales, entre otros, que me parecen ya instituciones caducas, que no están a la altura de los retos del siglo XXI. Por eso me interesa mucho el tema de la democracia en la oficina, en el trabajo, es decir, el modelo de empresas cooperativas, en las que los trabajadores también son dueños y toman decisiones. ¿Podríamos profundizar un poco en esto?

PEPE. Cómo no. Creo que un sistema como el capitalista, en el cual estamos inmersos, con sus formas de producción y de distribución, también ha generado una cultura, una cultura subliminal, una cultura de la dependencia. Frecuentemente los trabajadores de una empresa están acostumbrados, están educados para obedecer y hacer lo que les piden que hagan; así funciona una empresa. Pero su actividad esencialmente se conforma en ese mundo y construye una cultura en ese mundo. Lo que es el rumbo y la dirección de la empresa no es problema de ellos; el problema de ellos es cobrar a fin de mes y seguir siempre buscando un empleo mejor.

Si los sapiens aprendiéramos a trabajar como una familia, si una empresa fuera como una familia, donde los trabajadores son un colectivo organizado de tal manera que trabajan y también deciden, eso sería lo ideal. Pero en general ese es un oficio que se ha reservado la estructura de clases de las sociedades. Los trabajadores ya no saben gobernarse a sí mismos cuando tienen que caminar en un proyecto colectivo. Por eso, si damos el paso de construir una empresa cooperativa, se nos arma un lío bárbaro, y no porque la gente sea buena o mala; es que estructuralmente no estamos formados para eso, pero deberíamos caminar hacia eso. Esto es parte de la lucha. ¿Por qué? Porque debemos aprender a ser jefes de nosotros mismos, pero tenemos una educación que nos hace dependientes y obedientes. **Lo que llaman *educación*, frecuentemente, no es más que un adiestramiento para que sirvamos en determinadas funciones.** Esta es la lucha por una consciencia que nos permite organizar que alguien colabore dando instrucciones porque sabe más, pero no porque nos manda, y eso es un profundo cambio cultural.

Nosotros, mi generación, confundimos la construcción del socialismo con planes quinquenales y todo lo demás, y no le dimos pelota a la consciencia. Cuando era jovencito, estuve en la [Universidad de] Lomonosov, en Moscú. Te estoy hablando de la década del sesenta, la época de Nikita Kruschov. Y ahí todos estaban sorprendidos por las camisas de nailon que teníamos, traídas de Occidente, que eran una porquería, insoportables, pero ellos nunca las habían visto y les parecía que eran algo maravilloso. Esos muchachos soviéticos estaban prisioneros de la mercadería y no se daban cuenta de lo que tenían. Ahí hicieron muchas toneladas de acero y de aluminio, pero cambio cultural no hubo ninguno, y si no cambia la cultura no cambia nada.

SAÚL. Lección básica para la izquierda del siglo XXI, ¿no?

PEPE. Sí, por supuesto. Y eso no está tan lejos, porque en definitiva cualquier fábrica es un proyecto colectivo, aunque generalmente están mandadas por una sola cabeza. Pero esto podría ser diferente.

NOAM. Tomemos por ejemplo las políticas industriales en los Estados Unidos. En el año 2008, cuando colapsó el sistema financiero, el Gobierno se hizo cargo de gran parte de la economía, por lo que la industria automotriz —que es una gran parte de la economía— fue básicamente asumida por el Gobierno de una u otra manera. Pero había opciones de cómo hacerlo, y una opción, la que de hecho se eligió, fue que el contribuyente pagara las pérdidas y devolviera la industria a los antiguos dueños —caras diferentes, pero de la misma clase— y que se siguiera produciendo lo que se producía antes: automóviles. Pero claro que había otra opción, y si hubiera existido la suficiente educación y organización popular se podría haber elegido esa opción, que era tomar la industria y entregársela a la fuerza de trabajo, a los trabajadores, una empresa cooperativa. Hacer que la fuerza de trabajo poseyera la empresa y la administrara. Y que no produjera automóviles, que el país no necesita, sino trenes de alta velocidad, transporte masivo efectivo que el país requiere; simplemente ofrecer un mejor nivel de vida ahora y para el futuro. Si hubiera habido suficiente educación y organización, se podría haber tomado esa decisión y tendríamos una sociedad radicalmente diferente. Este tipo de dilemas surgen una y otra vez.

SAÚL. Profesor, ¿cómo definiría el anarquismo? Existe mucha confusión y desinformación alrededor de este concepto que me parece fascinante. Frecuentemente se lo relaciona con desorden, caos y violencia. Don Pepe también tiene una perspectiva anarquista, libertaria; de izquierda, por supuesto, no en el torcido sentido anarcocapitalista acuñado en los Estados Unidos. Veo que ahí convergen ustedes dos, por eso estamos aquí, y esto ha sido determinante para mi formación. Creo que entendí realmente la democracia cuando supe del anarquismo, y lo descubrí estudiándolos a ustedes, porque los líderes de la izquierda electoral y burocrática no hablan de esto.

NOAM. El concepto de anarquismo cubre un espectro muy amplio, por lo que no hay una sola respuesta, pero creo que el elemento central es la simple tendencia en el pensamiento humano a preguntarse: ¿Por qué cualquier forma de autoridad —la que sea— es legítima? ¿Por qué es legítimo que alguien tenga autoridad sobre otro? ¿Por qué es legítimo que haya estructuras jerárquicas? Debemos reconocer que ninguna estructura jerárquica se justifica por sí misma; necesitan una justificación para ello. Por lo tanto, **cualquier forma de autoridad, dominación y jerarquía debe ser desafiada a justificarse a sí misma, y si no es capaz de justificar su existencia —como suele ser el caso— debe ser desmantelada.** Me parece que ese es el principio fundamental del pensamiento y la acción anarquistas a través del tiempo.

PEPE. Me estaba acordando de que a los once o doce años yo tenía un amigo dirigente sindical, de la Federación de la Carne; él era anarquista y me explicaba: «Que te echen del trabajo por pelear por tus derechos, nunca por ser un mal trabajador. Porque, como trabajadores, nosotros no vivimos a costillas de los demás». Te darás cuenta de que aquellos anarquistas eran muy distintos a los de hoy [dice riendo].

SAÚL. Podemos concluir que el cambio de paradigma necesario es abandonar la idea de ser gobernados y luchar por gobernarnos nosotros mismos, ¿cierto?

NOAM. Precisamente. No creo que debamos estar anclados a la idea de que alguien nos gobierne. En toda institución u organización, sea cual sea —un departamento académico universitario, una gran industria, una familia o cualquier otra cosa—, es posible designar una autoridad, por lo que se podría estar de acuerdo en que algunos tomen decisiones y otros las acaten, pero solo bajo el control de la comunidad en general, con revocación automática y con supervisión todo el tiempo. **Designar individuos particulares para tomar decisiones no es incorrecto en sí mismo, siempre y cuando esos individuos estén bajo un control democrático efectivo, pero creo que cualquier otra forma de jerarquía o poder es básicamente ilegítima.**

SAÚL. Muy bien. Dos últimas preguntas y terminamos por hoy; ya es tarde. Intentaré que sean las dos preguntas más importantes.

VALERIA. Intentemos mejor con una y terminamos [dice sonriendo].

SAÚL. Claro. Entonces tendrá que ser la pregunta más importante que tengo aquí.

NOAM. ¿Te fijas, Saúl? Esa sí es autoridad legítima [todos, incluido el equipo de filmación, ríen fuerte].

SAÚL. Profesor, ¿cree usted que debamos luchar por un régimen democrático mixto entre democracia representativa y participativa?

NOAM. Creo que hay varios tipos de arreglos formales que cumplirían con el principio anarquista fundamental de que el poder esté efectivamente en manos de la comunidad en general, y hay muchas formas de organizar eso. No creo que seamos lo suficientemente inteligentes o estemos lo suficientemente informados como para diseñar una forma óptima de organización social; es necesario explorar mucho a través de la experimentación. Algunas cosas suenan bien al describirlas y pueden no funcionar en la práctica, así que hay que explorar y aprender, pero hay principios que se tienen que observar siempre. Uno de ellos es precisamente este que estamos comentando: que el poder y la autoridad no son legítimos a menos que haya una justificación para su existencia y funcionen bajo control democrático efectivo. La autoridad no es legítima por sí misma; sus fines y sus medios deben ser efectivamente democráticos.

PEPE. Yo estoy de acuerdo contigo [dice viendo a Noam]. El socialismo será autogestionario o no será. En eso soy libertario como tú.

* * *

PEPE. Mirá, [Saúl,] me puse a estudiar de vuelta la democracia griega, ateniense. Aristóteles era subversivo; la definición de ciudadano de Aristóteles es 'el que gobierna y juzga'; es decir, ciudadano es el que puede ser gobernante y juez, porque aquella era una democracia por sorteo, y si vos salías en el sorteo tenías que ir a la nomenclatura y participar. Ahora, cualquier ciudadano te podía enfrentar en la asamblea y criticarte, y podías ser juez. Imaginate, ¡a Sócrates lo condenó un jurado popular! Nunca vimos una cosa igual, y hoy estamos a leguas de eso. Y sí, sí, ya sé que los griegos tenían esclavos en ese tiempo, pero según Jenofonte en ningún lugar trataron a los esclavos tan bien, y mirá que esclavos hubo en todo el mundo, pero no hubo democracia. ¡Nadie se atrevió!

En el siglo VI antes de Cristo, en Atenas estaban al borde de una guerra civil por la cantidad de esclavos por deuda que había, porque en esa época si contraías una deuda y no podías pagarla ibas de esclavo. Entonces vino Solón, que era un poeta, y lo eligieron tirano, ¡todo el poder!, y él dispuso darles libertad a los esclavos por deuda. Los esclavos le pidieron a Solón que los resarciera materialmente en algo de lo que habían perdido siendo esclavos, pero eso era más de lo que podía soportar la aristocracia a la cual le habían quitado los esclavos. ¿Y qué pasó? Solón no les dio nada material, pero ¿sabés lo que sí les dio? **Les dio el derecho a la palabra en la asamblea y el derecho al voto. ¡¿Te fijás?! Les empezó a dar poder político. ¡Ahí nace la democracia!** La democracia nace en un grito desesperado contra la desigualdad.

Y sí, claro, ya lo sé, Atenas era una sociedad pequeña, de apenas doscientas mil personas, pero mirá esto: siete mil tipos componían el aparato de gobierno de Atenas, y rotaban; salían por sorteo y todos respondían a la asamblea. Había cuarenta elegidos, nada más, que eran los generales de la guerra y los tesoreros. Pero elegían de tesoreros solo a los que eran ricos, a los que tenían riqueza, porque si había un desfalco ellos tenían que responder con su riqueza. ¡¿Se habrá visto una cosa igual?!

SAÚL. Algo casi impensable en estos tiempos.

PEPE. ¡Impensable!, ¿viste? Hoy eso parece ridículo. Es que el grado de audacia que tenían [en la Grecia Clásica] era fenomenal. Bueno, esos [tesoreros] eran los únicos a los que elegían; los demás, todos por sorteo, y los jueces también, por sorteo. Y no falta el que diga: «¡Pero eso es un disparate! ¿Y la especialización y esto y lo otro...?». ¡Disparate las pelotas! Eso provocó un grado de participación y de discusión como no ha visto la historia; por eso ahí se inventó el teatro, la comedia... En fin, ¡todo era político! Los ciudadanos que no tenían nada de nada eran los remeros, los que remaban, pero eran los que cuando bajaban de los barcos hacían revuelo, porque mirá que hubo tentativas de golpes de Estado y todo, claro, reacciones y la gran puta. ¡Pero eso duró casi trescientos años!, ¡más que toda la experiencia de la democracia moderna! Y hay cosas que aún perduran. Claro que yo no estoy hablando de imitarlos al pie de la letra ni de ningún disparate, pero estoy hablando de la creatividad en la base y el coraje que hubo con las dificultades de la época.

Y nosotros tenemos medios que ellos no tenían. Fijate: nosotros la llamamos ahora *democracia representativa,* y la gente vota una vez cada cuatro o cinco años, ¿y?, ¡¿y?!, ¡¿y eso es todo?! ¿Eso es la democracia? La gente no decide un carajo en nada, no puede juzgar nada, no puede tomar ni la decisión de hacer una zanja al costado de la casa, ¡nada!, porque para todo necesita un burócrata que le ponga el sello y lo autorice... ¡Ni en las cosas municipales mínimas puede uno decidir!, si esta columna la vamos a poner acá o no... ¡Nada!

SAÚL. Y poder que no estás usando es poder que no tienes.

PEPE. ¡Claro! Y no les damos nada, no le transferimos poder de decisión a la gente. Nuestra democracia está cada vez más renga, y peor si encima tomamos en cuenta la concentración de la riqueza, que es galopante. Por ejemplo, dentro de América Latina, los treinta y dos señores más ricos tienen lo mismo que trescientos millones. ¡Pero eso no es lo peor! Lo peor es que crece su patrimonio en veintiuno por ciento por año, aproximadamente, mientras que la economía de América Latina como región creció al dos o dos y medio por ciento. Eso quiere decir que estos tipos cada vez tienen más ¡y que la distancia cada vez es mayor! Tu compatriota [mexicano] Carlos Slim, el más rico del mundo, por ejemplo, tendría que vivir unos doscientos cuarenta años gastando un millón por día para poder acabárselo… ¡Por favor! **Y esas concentraciones de riqueza son la mayor amenaza de la democracia; eso pudre la democracia porque tiende a generar decisiones políticas a favor de la concentración cada vez mayor de la riqueza.**

SAÚL. Si bien nuestras circunstancias son muy diferentes a las de la Grecia clásica, ¿qué podríamos adoptar de ellos?

PEPE. Bueno, mirá…

SAÚL. Por ejemplo, ¿podríamos estar hablando de un auge del plebiscito y la consulta popular?

PEPE. ¡Ah, precisamente! Creo que hay que ir pensando en nuevas instituciones, por lo menos en lo comunal, en lo local. Están el plebiscito y algunas más. Por ejemplo, en el caso de México…

SAÚL. Sí, hábleme de México, por favor.

PEPE. Pues, ¿qué pasó con la decisión que se tomó con el petróleo [en referencia a la reforma energética de Enrique Peña Nieto, en el 2013]?

SAÚL. Bueno, la decisión no se tomó en México [insinuando que se tomó en los Estados Unidos]...

PEPE. Sí, se tomó fuera, claro, pero la valoraron los gobiernos de México. Ahora, ¿qué participación tuvo el pueblo mexicano en esa decisión? Te digo esto porque nosotros [en Uruguay], en la década de los noventa, cuando Menem gobernaba la Argentina, tuvimos en toda la región un auge neoliberal brutal en la cabeza de los gobiernos. Querían vender todos los bienes públicos, sobre todo las empresas del Estado, y todo con un señuelo: pagar la deuda que teníamos en el exterior. La Argentina lo hizo: se deshizo de las joyas de la abuela [ríe], las vendió y quedó más endeudada que antes. Pero nosotros, en Uruguay, tenemos una institución de reminiscencia anarquista: el referéndum. Juntando una cantidad de firmas se pueden lograr cosas, y ese instrumento que se logró conservar en nuestra Constitución nos sirvió para enfrentar al Gobierno de la época del doctor Lacalle. Y le cortamos las manos, logramos un plebiscito que fue grandioso y salvamos las empresas públicas. El Uruguay tiene toda la refinación y la distribución de petróleo en una empresa del Estado; toda la energía eléctrica la maneja una empresa del Estado; el agua que consume la gente la maneja una empresa del Estado.

SAÚL. En México todo eso quedó desmantelado. Mi generación no conoce otra cosa.

PEPE. ¡Claro! Y esto que te digo no quiere decir que las empresas estatales sean perfectas.

SAÚL. Pues no, pero son de ustedes, de los ciudadanos.

PEPE. ¡Exacto! Y si estuvieran en manos de una empresa privada... **Por ejemplo, si nuestra petrolera ANCAP estuviera en manos de la Shell, tal vez funcionaría mejor, con más eficiencia, ¡pero se lleva la ganancia para afuera! Y entonces, ¿qué negocio tiene el Estado?, ¿qué negocio hacemos? ¡Ninguno!** Lo mismo pasa con todas las demás empresas estatales. Entonces, logramos conservar eso con el referéndum. Y mirá que este no es un Estado socialista, pero hay un patrimonio público importante. El banco más importante del país, por lejos, es del Estado uruguayo; tiene el sesenta y cinco por ciento del movimiento bancario, imaginate. Bueno, todo eso lo conservamos con ese instrumento, el plebiscito. Enfrentamos la enajenación de los bienes públicos y logramos una mayoría importante, aplastante. Nunca más se ha vuelto a hablar de eso. ¿Por qué? Porque fue tan grande la paliza que logramos salvar esos bienes públicos. Y mirá, [Saúl,] lo que te van a decir con respecto al plebiscito es que la gente no tiene capacidad y esto y el otro...

SAÚL. ¡Sí, exacto! Es lo primero que me dicen: que la gente es ignorante, que no es capaz de decidir.

PEPE. Pues ahí tenemos la sociedad suiza para estudiarla. No es una sociedad de izquierda ni nada que se le parezca, pero están aburridos de hacer plebiscitos y yo nunca los vi hacer cagadas. Descubrieron un día [los ciudadanos suizos], se deschavó [filtró], que tenían un ejército secreto y clandestino.

Claro que había gente que planteaba que no podía ser, pero en realidad el Gobierno lo tenía por razones de seguridad. Entonces discutieron públicamente y la gente votó que había que mantenerlo. ¿Te das cuenta? ¡No es tan boba la gente cuando se le explica y se acostumbra a decidir!

SAÚL. Claro. Creo que ninguno de nosotros es más listo que todos nosotros.

PEPE. Precisamente. **Hay que creer que la gente también tiene sentido común. Ahora, si nunca confiamos, nunca lo va a desarrollar. ¿Cómo desarrollo el músculo si no hago ejercicio?** Lo grande de la democracia griega fue eso: el ejercicio de la libertad. Porque después te tenés que explicar cómo en ese momento histórico lograron tantas cosas con solo doscientas mil personas. Con la participación pasan cosas como estas. Sócrates no escribió ni una palabra; daba charlas en la casa de Simón, que era un zapatero, pero iba un joven a escucharlo, Platón. Lo poco que nos llegó de Sócrates fue por él; de Sócrates no nos llegó ni una letra escrita, solo lo conocemos por lo que escribió Platón. Después Platón fundó la Academia, con una regla: «El que no sepa geometría que no entre». Se refería al que no supiera matemáticas. ¿Ves? Aristóteles fue quince años a la academia de Platón y después se separó, y fue a fundar el Liceo, donde iba a formar a su gente, y uno de sus discípulos fue Alejandro Magno. ¡Le dio clases a Alejandro Magno! Es decir, ¿cómo tanto en un período tan corto?... Ah, pero además estaba Fidias, que era una especie de Miguel Ángel y concibió el Partenón. Tuvieron al fundador del teatro, al fundador de la comedia, ¡todas las corrientes filosóficas! Porque Diógenes, por ejemplo, fue contemporáneo de Aristóteles viejo; en fin, Anaxágoras, ¡todos! **¿Cómo pudo**

existir ese paquete de gente tan valiosa, de cuyo pensamiento las consecuencias llegan hasta hoy?

SAÚL. **¡La participación!**

PEPE. **¡Claro! Por el ejercicio de la democracia, la participación.**

SAÚL. Sí, desarrollar una sociedad a partir de la participación colectiva. ¡Exacto!

PEPE. ¡Justamente!, el ágora y todo eso. Sí, el ejercicio público de la libertad y del intercambio, el permanente choque y el cambio de ideas, eso es lo que tenemos que recobrar. **Y no me refiero a hacer todo igual que ellos, pero hoy tenemos instrumentos que los griegos no tenían. ¡El mundo digital! Nunca tuvimos esa herramienta con las dimensiones que tiene hoy.** Yo no pertenezco a esa generación ni voy a pertenecer a la cultura digital, pero me doy cuenta de que, para bien y para mal, ese es otro horizonte que hay ahí.

SAÚL. Estoy convencido de eso. Creo que la ruta política es precisamente hacer uso de las tecnologías de la comunicación para habilitar masivamente la participación de la gente. Ahora, más allá de herramientas democráticas digitales, ¿no debería ser el discurso central de la izquierda el traspasar poder de decisión a las masas? Porque eso no ocurre, es una propuesta marginal entre los líderes de izquierda que tenemos.

PEPE. Sí, es cierto. Mirá, **creo que hay que empezar luchando por el incremento de los bienes públicos, pero, efectivamente, el más importante de los bienes públicos es que muchísima gente tenga la oportunidad de decidir, empezando por las cosas**

cotidianas. Segundo capítulo: la organización del trabajo colectivo. Hay que darle gran trascendencia a la organización de la autogestión y de la responsabilidad de los que trabajan. No me refiero a multiplicar los bienes del Estado, no; me refiero a los bienes públicos manejados por la gente misma, con sentido de responsabilidad.

SAÚL. Empresas cooperativas, ¿cierto?

PEPE. ¡Sí, exactamente! Cooperativas, empresas autogestionadas… Trabajadores que sufren las derrotas, pero que gozan los triunfos también. Pero ya no trabajar para un patrón; hay que empezar a ensayar eso, ¡hay que empezar! Porque nos tienen impresionados con que la gestión es el producto de una clase especial, una clase de seres superiores que son *los empresarios*.

SAÚL. Ah, claro: «Tú [trabajador] no sabes, tú no puedes».

PEPE. Exacto: «Tú no puedes, tú tienes que trabajar bajo la égida de ellos». En fin, así sucede. ¿Me entendés? Entonces, es la dirección colectiva por encima de la dirección individual. Y yo creo que hay talento en el seno del pueblo, pero hay que probar eso, y hay que ensayarlo, porque, si no, esta es una discusión como la del huevo y la gallina: ¿qué fue primero, el huevo o la gallina? A ver, **¡¿y cómo vamos a lograr que la gente sepa manejar las cosas si nunca maneja un carajo?!**

Acostumbramos a la gente solo a que vaya, trabaje ocho horas y cobre cada treinta días, y después ya no tiene nada que ver. Justamente, la participación en el campo del trabajo me parece clave siempre, cuando las cosas funcionan y también cuando las cosas van mal. Cuando la empresa pierde y cuando la empresa gana los trabajadores deben participar; eso es el sentido de responsabilidad.

SAÚL. Cuando hablo de esto me topo casi siempre con la misma respuesta: que permitir que la gente participe es peligroso porque la mayoría es ignorante y es apática; es decir, que la gente es idiota y prefiere que otro decida por ella. Pero yo no lo creo; creo que la gente no participa simplemente porque no hay espacios para hacerlo, y los pocos que existen son señuelos que por lo general no repercuten casi en nada, como votar cada cuatro o seis años quién decide todo lo demás. Pero si hubiera posibilidades reales, mecanismos y herramientas para empoderarse y politizarse a partir de la participación...

PEPE. ¡Justo por eso regresé a estudiar la democracia griega! Pensé: pero ¿cómo hicieron todo eso? Como te decía, de Píndaro no nos llegó nada; fue un músico y perdimos todo, y de Fidias hemos perdido casi todo, pero nos creímos que aquello de los griegos no funciona o que nunca pasó. Por ejemplo, sale Keynes supuestamente muy novedoso con sus políticas económicas —«¡ay, sí!, el keynesianismo, ¡qué increíble!»—, y resulta que fue a Pericles a quien se le ocurrió mandar hacer el Partenón en un momento de crisis laboral para resolver el problema, y como tenían unos tipos geniales les hicieron el Partenón, ¡la puta que los parió! Entonces, ¿te das cuenta de lo que es la participación de una sociedad a ese nivel? Su cultura fue una cosa que llega hasta hoy en día, sus consecuencias llegan hasta hoy. Por ejemplo, el sentimiento de piedad es parte de la cultura que construyeron ellos, los griegos, pero el cristianismo lo toma y le da raíces divinas; fijate, le da raíces divinas... Es notable cómo todo aquello se fue desarrollando, pero ¡casi todas las cosas importantes de la humanística arrancan en ese período histórico! Es brutal... Y en el fondo, ¿por qué? [comienza a reírse]. ¡Porque eso era una asamblea pública permanente!, ¡un discutidero permanente! La peripatética de Aristóteles, que era enseñar caminando en los parques y eso... ¿Vos te das cuenta de lo que es? Eso no puede volver a suceder de la misma forma, lo sé, son otros tiempos, pero lo importante es cómo ellos desarrollaron el ejercicio de la participación.

SAÚL. Y más ahora, que existen medios digitales para consultar cualquier cosa a masas inmensas de gente de forma casi instantánea.

PEPE. ¡Pero claro que sí! **Hoy es posible consultar a una nación en cuestión de media hora.**

SAÚL. ¿Y sabe qué, don Pepe? Yo planteo que esto significa algo muy importante, un cambio potencialmente radical, y es que gracias a esto el poder cuantitativo de la masa puede por fin transformarse en cualitativo.

PEPE. ¡Sí, señor!

SAÚL. Y si eso sucede, ¿quién detiene a la masa, al pueblo, a la gente? ¡Nadie!

PEPE. ¡Sí! Es que, **este mundo de la inteligencia digital crea las condiciones para una humanidad totalmente distinta, y tiene que desembocar en cambios institucionales que ni siquiera hoy podemos avizorar.** Yo pienso que una de las posibilidades que abren las nuevas vías de comunicación es una forma institucional distinta de distribuir el poder y las decisiones en la sociedad; por lo menos teóricamente. El grado de participación que puede tener la gente con estos instrumentos digitales es muchísimo más importante que todo lo que se pudo haber soñado y pensado antes; para visualizar algo parecido habría que imaginarse lo que era una asamblea ateniense, y estos medios empiezan a abrir esa posibilidad. Pero no sé si como humanidad seremos capaces de ceder, de dejar que la gente tome sus decisiones. Nuestras «democracias» —democracias entre comillas— son excesivamente gerenciales, y aquí la cuestión es que la gente aprenda a gobernarse a sí misma. La posibilidad técnica existe; no sé si lograremos arrancar la voluntad política de ejercitarla.

SAÚL. En este sentido, ¿colocaría usted a la comunicación como un eje de la revolución del siglo XXI?

PEPE. Sí, pero la comunicación aplicada como una herramienta para poder decidir. No es solo comunicación en el sentido tradicional, sino comunicación entendida como el registro de decisiones que puede tomar la gente. **No veo por qué, en un barrio o en una localidad, no puede la propia gente participar en las decisiones fundamentales que hay que tomar.** Se puede hacer una consulta diaria, hoy con los métodos que existen técnicamente no hay problema; el problema es de voluntad política. Y yo sé que no faltarán los señores que digan «le falta información a la gente, ¡cuidado!», enseguida van a reaccionar la tecnocracia y la burocracia, porque eso es quitarles el poder. Recordá que, si transferís poder a la gente, a alguien se lo estás quitando. **Pero es que la gente decide muy poca cosa, y eso de reducir la democracia a votar cada cuatro o cinco años es ridículo; llamarle *democracia* a eso es absolutamente ridículo.** Tenemos una debilidad institucional enorme. Esta es una deuda pendiente, ¡y espero que las generaciones que vienen planteen que se tienen que hacer cambios institucionales en la forma de decisión!

Por eso insisto en que hay que reestudiar la democracia ateniense. ¿Por qué? Porque en ningún otro momento de la historia se le dio tanta participación a un puñado de gente, y no ha habido ningún otro momento de la historia en que —aun siendo una sociedad de apenas doscientas mil personas— apareciera tanta gente tan brillante. La única explicación es que ellos tenían un grado de comunicación y participación feroz, ¡aquello era una asamblea viva! ¿Por qué? Porque los gobernantes se elegían por sorteo entre los ciudadanos, y vos podías ser sorteado y tenías que ir de gobernante o de juez, y después te juzgaban en la asamblea. Entonces, la cosa pública era una cosa permanente para todos. Fijate, si eras pobre [en Atenas] te subsidiaban para que fueras al teatro, porque el teatro era parte de la política, todo era político. Nunca más la humanidad hizo un experimento de tanta audacia. Tenemos que recordar que de ahí salieron Sócrates, Platón, Aristóteles, Diógenes, Fidias, Pericles, Eurípides, en fin, y vos decís, ¡¿cómo fue posible eso?! Son los fundadores de la cultura occidental, y en una sociedad tan pequeña... La única explicación es el grado de participación que tenían. **No sabemos la riqueza que estamos perdiendo por no dejar participar a la gente.**

Ahora, es cierto que todo esto de las nuevas formas de comunicación es muy alentador, pero es la cara benigna de la historia. La cara triste es el manejo de la opinión pública a través de algoritmos que permiten masificar comunicados personales a millones de personas y manejar eventualmente sus decisiones. ¡Eso es de terror! Creo que ninguna dictadura en el mundo ha tenido esa fuerza, y la interrogante es si ese será el porvenir.

SAÚL. Cierto. Y creo que, más que una crisis de la democracia, estamos viviendo una crisis de la representatividad. El mero concepto de *democracia representativa* en pleno siglo XXI me parece un oxímoron, una farsa. Entonces, ¿cómo deberían ser los partidos políticos del siglo XXI? No veo a ninguno hablando de esto; por eso no me afilio a ningún lado.

PEPE. Yo, la verdad, no lo tengo claro. Lo que te puedo decir es que la revolución digital tiene tal importancia y tal incidencia que no creo que la democracia representativa actual se mantenga indefinidamente así. ¿Por qué? Porque la capacidad de comunicación y participación empieza a ser casi infinita, y no creo que las instituciones del futuro se conformen con la idea de representación que tenemos actualmente. **Me parece que la humanidad, o va a una especie de autocracia, o va a tener que profundizar enormemente la participación de toda la ciudadanía en ciertas decisiones fundamentales.** Es decir, va a haber un dilema fuerte: más concentración del poder cerrado o una democracia mucho más cerca de la expresión plebiscitaria y participativa, porque las herramientas digitales empiezan a estar en todas partes.

SAÚL. Yo a partir de todo esto empecé a generar un proyecto informático, un sistema de comunicación que tiene la intención de articular digitalmente eso que usted llama en sus discursos *sujetos colectivos*. Pienso que los sujetos, en general, tienen como mínimo tres características fundamentales: tienen la capacidad de informarse, de decidir y de actuar. Entonces, este *sistema de comunicación articulativa* pretende generar sujetos colectivos, a los cuales yo les llamo *usuarios colectivos,* y la intención es que cualquier grupo de personas tenga la capacidad de informarse, decidir y actuar colectivamente. Dicho de otra forma, estoy intentando construir la primera *red social de usuarios colectivos.* Podría hablar muchísimo más de cómo funciona esta red social, pero vengo a decirle que después de Yo Soy 132 nació este proyecto inspirado en usted, en el profesor Chomsky y también en Julian Assange. Y, bueno, la idea del documental con usted y el profesor Chomsky surgió porque yo sé en carne propia el impacto que puede tener la mezcla de sus ideas, y me parece algo invaluable e indispensable para el futuro. Algo que le comentaba al profesor Chomsky cuando lo conocí en Boston es que sus enseñanzas las vamos a necesitar muchas décadas más, muchas décadas más. En fin, tengo tanto que quisiera platicar con usted... Algo central que también concluí gracias a ustedes es que el revolucionario del siglo XXI ya no es aquel que tome el poder para repartirlo, sino quien reparta el poder sin tomarlo. Honestamente ya no me atrae la idea de dirigentes o líderes, sino de articuladores; le confieso que la gente que quiere gobernar a otros, en general, ya no me agrada mucho. Entonces, esa es la manera en la que yo pienso y en que estoy estructurando este proyecto.

PEPE. Vamos a colaborar contigo en lo que podamos. Mirá, si nos llevó tanto tiempo construir una escuelita aquí al lado de la casa para arreglar el barrio, ¿cómo no voy a participar en una cosa que quiere cambiar el mundo?

SAÚL. No sabe lo que significa para mí escuchar eso.

PEPE. Es que la inquietud que vos tenés está expresando la inquietud de un tiempo. Es un tiempo de preguntas, de ensayos, de caminos que se prueban. Y es lógico, si lo que más crece en el mundo en que vivimos es la incertidumbre… Pero el asunto es no resignarse a navegar en la incertidumbre y que la suerte la dirija otro. ¡Cada uno debemos tratar de trazar nuestro camino! Vamos a ver qué se sintetiza y qué queda después, pero hay que tener una actitud libertaria también en el campo del pensamiento. Lo que tengo claro es que no se puede tener la felicidad digitada por un Estado que centraliza todo, que cree que nos va a gobernar y nos va a decir hasta el color de la frazada que tenemos que poner [dice riendo y da un manotazo en la mesa]. Yo esto lo simbolicé mucho con el hecho de no usar corbata, y es que, entre toda la etiqueta [presidencial], esta era una manera de mantener un pequeño símbolo, ¿sabés? ¡Nadie tiene el derecho de imponerme lo que me tengo que poner!, porque yo lucho por una humanidad libre. Es decir, ¿cómo le vamos a resolver a un tipo la ropa que se tiene que poner? ¡Es ridículo eso!, ¿verdad? Pero, bueno, eso cuesta, hay que pagar algunos peajes... [dice riendo].

Me esperaban una vez en… [ríe a carcajadas]. Me parece que tenía que hablar con el rey de Noruega en una entrevista cuando era presidente, y me estaban esperando con una corbata. Yo les dije: «¿Ah, sí? Pues no voy, yo no me pongo la corbata. ¡Nos vamos!». Entonces volvieron para decirme que no me fuera… [ríe a carcajadas]. Es una pavada [tontería] lo que te digo, pero es un símbolo.

SAÚL. Entiendo, el trasfondo es tremendo.

PEPE. Sí. Porque a mí no me importa… Te tienden la mesa, ponen manteles, todo, todo lo que quieran está bien; pero no se metan con mi libertad. Y hay que empezar a educar a la gente en eso, y hay que luchar por eso, porque el socialismo no está dentro de cincuenta años, cuando lleguemos al vigésimo plan quinquenal. El primer socialismo está en nosotros, ¡y la primera respuesta es cultural! Nosotros, mi generación, caímos en la inocencia de creer que cambiando las relaciones de producción íbamos a tener un hombre nuevo, ¡y nos salió una burocracia que Dios me libre!, nos salió una burocracia que nos ahogó [haciendo referencia a la URSS], ¿verdad? Es decir, no sabemos por qué camino hay que ir, pero por ese camino no, por ahí ya no es [ríe a carcajadas]. Esto lo discutí con [Hugo] Chávez. Le dije: «Mirá que te vas a romper el alma, y vas a arreglar alguna cosa, sí, pero ¿socialismo? ¡Te va a salir una burocracia que te va a matar, hermano! [dice riendo]».

SAÚL. Y pasó lo que pasó… [insinuando la sospecha de asesinato de Hugo Chávez].

PEPE. Sí... [pausa prolongada]. Porque la nobleza interior [refiriéndose a Hugo Chávez] no te asegura que… Mirá, si no le transferís capacidad de decisión y compromiso y triunfo y derrota a la propia gente, sin eso, no se puede avanzar.

e. Políticos e intelectuales

SAÚL. Don Pepe, en todo esto, ¿cuál cree usted que sea el rol de la política?

PEPE. Bueno, creo que el hombre es gregario, no puede vivir en soledad, necesita sociedad, y la existencia de una sociedad supone, naturalmente, conflictos. Alguien tiene que mediar en los conflictos de la sociedad, y ese es el papel de la política. Es parte de las relaciones humanas. Creo, con Aristóteles, que el hombre es necesariamente un animal político, pero la política no debe verse como una profesión. Es ahí donde está el veneno de la política: cuando la política se ve como un producto de mercado, cuando voy a la política a solucionar mis problemas económicos, cuando espero de la política no lo social, sino lo mío. Eso transforma a la política en algo parecido a un mercado, que es el contrasentido contemporáneo.

Pero el problema que tienen las sociedades modernas es que son terriblemente complejas; el concepto de *pueblo* que manejamos significa que ahí hay una nube de intereses y de puntos de vista que a veces son contradictorios. Por ejemplo, se debilitan los partidos políticos, pero se multiplican los movimientos sociales parciales: los que están luchando por las tortugas verdes, los que están luchando por los pantanos de tal lado, etcétera. Es decir, hay una nube de problemas puntuales y una imposibilidad de globalizar esos problemas puntuales. **No sé si es un problema del momento o es una situación**

definitiva, pero de lo que me doy cuenta, hermano, es de que más que nunca se precisa la política.

La política no es una ciencia exacta, ni lo será nunca; la política significa a veces tener que tomar decisiones en medio de muchas incertidumbres, pero hay que tomarlas. ¿Por qué? Porque si los *Homo sapiens* pelean cada quien por su punto de vista y no se globaliza el interés general, se genera un desastre. Para que sobreviva el capital de la sociedad tiene que operar la política; por eso considero aquel viejo concepto de Aristóteles: «Los humanos son animales políticos». Lo son porque son gregarios, porque crean sociedad, pero la sociedad —llena de contradicciones— para sobrevivir necesita la intervención de la política, que asegure que exista el *nosotros;* si no, es una manera peor de volver a la selva, todos contra todos.

Por eso insisto en que lo más grave es que han envilecido la política, porque los que participan en política, muy frecuentemente enfermos de capitalismo, toman la política como un medio para acomodarse, para tratar de alcanzar un estatus y enriquecerse, y eso significa escupir sobre la política, que debe ser antes que nada el goce de la lucha por el bien común, no el individual. Eso puede ser que no lo tengan todos los humanos, pero habría que saber elegir cuáles son los humanos que pueden razonar así.

Muchos de los fracasos de la política se deben a que hay una especie de estafa en materia de conducta. Parece que a los políticos hay que pagarles mucho, que precisan mucha plata porque es una tarea importante; tienen que vivir en una casa ampulosa, necesitan muchos sirvientes, mucha gente que los esté adulando, etcétera, y dejan de ser republicanos; recordemos que las repúblicas se hicieron para intentar suscribir frente al feudalismo que nadie es más que nadie. Entonces no tenemos más al señor conde, pero tenemos al señor senador, al señor ministro, el señor presidente, etcétera, y eso termina siendo una estafa que golpea a la gente. No fallan las instituciones; lo que falla somos los humanos y después les echamos la culpa a las instituciones. No les pidamos milagros. No fallan las cosas, fallan los cosos [ríe].

SAÚL. Don Pepe, usted fue presidente. ¿Ser presidente es tener todo el poder?

PEPE. ¡No, qué va a ser! Es ser un viejo figurón, nomás, para que la gente se entretenga criticándolo a uno [ríe]. Mirá, el poder es escurridizo; en realidad, el poder está distribuido entre quienes manejan la economía en la sociedad. De modo que ser presidente es tratar de conciliar y negociar con las contradicciones más fuertes que se tienen, pero no significa sustentar el poder; eso es una ilusión. El poder anda por otro lado, y existe, pero casi no se deja ver.

SAÚL. Profesor Chomsky, en este mismo sentido, ¿cuál considera usted que sea el rol de los intelectuales?

NOAM. Creo que su función es participar en organismos públicos y tratar de aportarles las capacidades particulares que tienen los privilegiados. Los intelectuales son solo privilegiados, no tienen nada de especial. Pasan a tener un grado de privilegio que les permite estar calificados para ser partícipes de organismos públicos en los que aporten sus conocimientos y comprensión particular, al igual que cualquier otra persona. Si hablamos de energías renovables, un científico puede aportar lo que sabe y entiende. Un ingeniero, un constructor, un artesano pueden aportar lo que saben para construir cosas. Así se desarrollaron los movimientos populares. De hecho, si retrocedemos a períodos como la década de los treinta, muchos científicos y matemáticos destacados participaron directamente en los programas de educación de los trabajadores. Todo eso ciertamente se puede hacer. Por eso existe un libro como *Matemáticas para millones*, escrito para el público general por un matemático respetado. Por eso personas como Burnell, un reconocido científico, se involucraron directamente en programas de educación popular. Son cosas que los intelectuales pueden aportar.

f. La sabiduría del Cóndor

PEPE. En el seno de nuestra civilización ha operado, en el largo plazo, una construcción monoteísta, hija de las religiones y que el humanismo recibió, que coloca al hombre como la cúspide de la naturaleza viva. Esto nos hace pensar que por tener poder tenemos derecho, y nuestra cultura actual no tiene la humildad de pararse con lo que es frente a la magnitud del universo. Desde el punto de vista antropológico, somos unos seres insoportablemente engreídos. Nos creemos muy importantes, todo está sometido al hombre. Estamos haciendo una barbaridad [sonríe con ironía]. No sé por qué vale más la vida nuestra que la de una cucaracha, si tras las guerras nucleares solo ellas van a quedar ¡y nosotros desapareceremos! [ríe].

NOAM. Esa es una contribución que las sociedades indígenas [el Pueblo del Cóndor] están haciendo a la civilización moderna. Como tú sabes, por supuesto, Bolivia y Ecuador —países con grandes poblaciones indígenas— han instituido los derechos de la naturaleza, incluso constitucionalmente [en Ecuador]. **Esta lucha por los derechos de la naturaleza es una contribución a la vida supuestamente civilizada que, de hecho, viene principalmente de las sociedades indígenas y tribales del mundo.**

PEPE. Pero por lo visto cada vez estamos más locos; en lugar de escucharlos y de luchar por enmendar el problema ambiental, hemos decidido matarnos a escala industrial y destrozarnos todo lo posible. Y ahora suenan tambores de guerra en nuestra civilización [hace referencia a la guerra en Ucrania], cuando precisamos exactamente todo lo contrario.

NOAM. Hay muchas razones para preocuparse. Podemos comenzar por la zona donde vive Pepe. En la puerta de al lado, en Brasil, el país natal de Valeria, el Gobierno está destruyendo la esperanza de la supervivencia humana, y decirlo no es una exageración. La destrucción del Amazonas es —así como la está llevando a cabo la administración de Bolsonaro, que ha acelerado esto más que nunca— no solo una condena para Brasil a un cruel y horrible futuro, sino un serio golpe a la sobrevivencia de toda la especie humana, dado el importante rol que tiene la selva amazónica en la ecología global, y también porque está devastando muchas comunidades indígenas que sobreviven ahí.

Las comunidades indígenas alrededor del mundo, las comunidades tribales en Brasil, los pueblos de las primeras naciones en Canadá, los sobrevivientes del exterminio de los nativos en Estados Unidos, aborígenes de Australia, gente tribal de la India, **todos ellos están intentando mostrarnos —desesperadamente— cómo sobrevivir en interacción con la naturaleza de una forma que preserve y no destruya; nosotros [el Pueblo del Águila] lo que sabemos es cómo destruir.** Los humanos modernos hemos demostrado que nuestra capacidad técnica para destruir es ilimitada. Desde el 6 de agosto de 1945 [ataque atómico de Estados Unidos en Hiroshima, Japón], un día que no puede olvidarse, los humanos demostraron que muy pronto tendrían la capacidad de destruirlo todo. Fue un punto de inflexión en la historia de la humanidad. La pregunta es si los humanos tendrán la capacidad moral para controlar estos impulsos, y aquí podemos aprender de las comunidades tribales alrededor del mundo, que han venido haciendo esto exitosamente desde hace miles de años. No quiero romantizar, pero es fundamentalmente cierto, y podemos aprender de ellos, pero desafortunadamente no tenemos mucho tiempo para aprender.

Pepe, me gustaría conocer tu opinión sobre los conflictos que, por ejemplo, [Evo] Morales tuvo con algunos grupos indígenas al llevar a cabo proyectos de desarrollo en sus poblados.

PEPE. Sí, hay una contradicción fuerte que también se vio mucho en Ecuador. Es el desarrollo agrediendo la Pachamama y ciertas tradiciones indígenas. Un problema difícil, muy difícil. Pero ¡cuidado!: existe también en América un ecologismo infantil, muy propio de algunos círculos meramente intelectuales muy desconectados de la realidad. Vienen vía ONG, a veces financiados desde afuera, a veces a través de movimientos internacionales, pero no viven del trabajo de la tierra; viven del mundo mediático y de la difusión de cuestiones de servicio, pero en general no participan en el trabajo real. Y el problema es que muchas comunidades indígenas se ven influenciadas y son utilizadas por esos círculos.

NOAM. Ahora, ¿qué hay de las comunidades indígenas que no están influidas por estas ONG extranjeras? ¿No crees que existe un esfuerzo indígena serio y auténtico para preservar sus propias culturas y sociedades frente a los programas de desarrollo?

PEPE. ¡Sí, sin duda! ¡Cómo no! Está la cultura aimara, hay también tradiciones quechuas, guaraníes. Todo aquello. ¡Sí!, hay cosas muy serias en el mundo indígena. Definitivamente. Imaginate, hay lugares donde es sagrado no hacer pozos profundos en la tierra, ¡y tienen razón!

NOAM. ¿Qué opinas de la preocupación que tienen [las comunidades indígenas] por la construcción de grandes proyectos de infraestructura que afecten los territorios donde viven y trabajan?

PEPE. Es problemático. Sobre todo la minería, el petróleo, todo eso crea problemas ambientales.

NOAM. ¿Ves alguna manera de acomodar los objetivos de desarrollo y los intereses indígenas?

PEPE. Creo que hay que negociar esas cosas, y hay que tener políticas de mucha paciencia y participación de la gente. Si la gente no está convencida, es multiplicar los conflictos. Lo que pasa es que el hombre blanco ha hecho muchas barbaridades.

NOAM. En el pasado, ¿pero y hoy qué? Es decir, ¿es igual?

PEPE. Creo que ahora [el hombre blanco] tiene herramientas como para ver cosas que antes no veía, pero el capitalismo es ciego, o, mejor dicho, tiene bolsillos nada más.

NOAM. Cierto, pero el problema que considero más preocupante es: ¿pueden los gobiernos que surgen de mayorías indígenas, como los de Correa o Morales, emprender programas de desarrollo que sean congruentes con el interés auténtico de la población indígena?

PEPE. Todo eso es un desafío, porque está sometido a la lucha de clases que se da dentro de los propios países. Por ejemplo, Evo tuvo que luchar con una oligarquía cruceña [de Santa Cruz de la Sierra] agroexportadora, cuyos intereses no necesariamente coinciden con el altiplano [zona eminentemente indígena], y ahí tuvo una lucha muy dura. Y Correa vivió situaciones parecidas en Ecuador: enfrentó a un líder bancario francamente prooligárquico que ahora es presidente [Guillermo Lasso], que es una expresión de la derecha norteamericana, tipo republicana, dentro de Ecuador. Colombia tiene 21 millones de obreros, de los cuales con suerte un millón se podrán jubilar algún día. Es decir, la situación de América Latina es muy ecléctica y hay grandes diferencias de un lado a otro.

IV.
El Quetzal

a. La revolución de los usuarios

Hijas del neoliberalismo y nacidas entre 1981 y 2012, las generaciones *millennial* y *centennial* seremos responsables de las próximas décadas, que serán las más complejas y peligrosas de la historia de la humanidad. La autodestructiva civilización que estamos heredando es ecológica, económica, política y socialmente insostenible, y su inminente colapso se acelera por la probabilidad de una catástrofe nuclear, climática, tecnológica o una combinación de todas estas. Lo inédito de la crisis en cuestión es que cualquiera de esas catástrofes descartaría anticipadamente la posibilidad de sobrevivir el siglo XXI, y el consenso científico estima que todas ellas nos alcanzarán antes de 2050. Jamás pesó sobre un par de generaciones semejante reto y responsabilidad.

Fuimos apodados *generación de cristal*, pero, aun cuando el párrafo anterior pudiera parecer una visión excepcionalista o victimizante, es simplemente la realidad que todos tenemos enfrente. Y, si bien es cierto que desde 1945 crece el peligro de una guerra nuclear con potencial para acabar con la vida en el planeta, nunca en la historia habíamos estado tan cerca de esa guerra suicida —ni siquiera durante la llamada *crisis de los misiles*, en 1963—, y esta es solo una de las amenazas terminales con las cuales hay que lidiar hoy en día.

Ante tal escenario, resulta evidente e incontrovertible que los líderes políticos y económicos del mundo no están a la altura de los retos del siglo XXI, pues de la rienda de esa élite minúscula seguimos avanzando con aplomo en la senda de la autodestrucción y, de paso, generando también la extinción masiva de otras especies como no se había visto en miles de años; ni que decir de los niveles inconcebibles de desigualdad a los que nos han llevado esos liderazgos.

Analizando nuestra civilización como un organismo en proceso de desarrollo, podemos afirmar que —para bien y para mal— se encuentra en plena adolescencia. Eso significa que, tras adquirir súbitamente capacidades técnicas e intelectuales radicalmente superiores, no logra controlarlas y es un peligro para sí misma si no transita pronto a la adultez.

Poderosa e irresponsable, frenética e inestable, la humanidad debe convertirse en adulta en las próximas décadas, pues de lo contrario nuestra especie se autodestruirá o, con un poco de suerte, volverá a la era de palos y piedras para comenzar de nuevo. Esa es, nada menos, la misión histórica de *millennials* y *centennials*: construir una civilización de adultos capaz de relevar a tiempo la inmadurez programada que amenaza con cancelar el futuro de la especie humana.

Adulto es aquel que se hace responsable de su propia vida, un individuo que toma decisiones y asume consecuencias con autonomía e independencia. Sin embargo, aunque hoy nuestras sociedades están llenas de individuos mayores de edad, el mundo carece de ciudadanos cabalmente adultos porque estamos estructuralmente impedidos para serlo. Pero cambiar este esquema social es imposible hasta que se reconozca que decidir quién decide no es decidir, y que, consecuentemente, votar cada cuatro o seis años quién determina todo lo demás no es democracia. De modo que este gigantesco problema es fundamentalmente político —un conflicto sobre quién decide qué dentro del grupo—. No obstante, en el siglo XXI la solución ya no está en reemplazar a la élite que tenemos con otra mejor; ese paradigma caducó al inicio del Antropoceno, que es algo así como la mayoría de edad en términos civilizatorios. Ahora los jóvenes debemos entender y hacer valer que el problema no es nuestra clase política; el problema es que la política sea una clase. Por eso el paradigma ahora debe ser gobernarnos a nosotros mismos y no entregar nuestro destino a otro; y por *otro* me refiero de nuevo a esa élite minúscula de gobernantes y billonarios que bien cabrían todos juntos en una sala de cine, pero que controlan el destino de ocho mil millones de seres humanos.

Pero ¿cómo gobernarnos a nosotros mismos? Nadie puede responder a esto de forma absoluta; solo sabemos que deberá ser un proceso de prueba y error que, como en todos los casos, tendrá etapas. Por eso, en esta adultez temprana —que bien podría durar décadas o siglos, no lo sabemos—, la meta no es eliminar el Estado de un día para otro. Eso no es posible ni deseable pues, si lo hiciéramos, ¿quién reemplazaría al día siguiente todas las funciones estatales? Por otro lado, autogobernarnos tampoco significa que las jerarquías —que determinan que una persona manda y otra obedece— sean ilegítimas en sí mismas, menos aún en una sociedad compleja y especializada; pero estas jerarquías no deberían existir si no están sometidas a un régimen democrático efectivo. En términos de gobierno, esto significa que la voluntad de los ciudadanos debe determinar las políticas públicas que ejecutan los gobernantes, aunque llevamos doscientos años de *democracia representativa* comprobando que eso es precisamente la excepción a la regla. Nuestros representantes populares no atienden la voluntad o las necesidades de sus representados, atienden primordialmente sus propios intereses, y por eso la lucha de este siglo es gobernarnos colectivamente a nosotros mismos con participación directa, no subordinarnos en masa a unas cuantas personas que deciden todo alegando que el resto es incapaz de hacerlo.

Creo que los adultos —o los ciudadanos del siglo XXI— no necesitamos representantes, y cambiar esto es un proceso que debe construirse desde abajo de la pirámide social hacia arriba, primero creando conciencia política sobre esto y después implementando cambios institucionales que empoderen al ciudadano a través de su participación en el gobierno.

Para ello, las generaciones *millennial* y *centennial* debemos iniciar un proceso progresivo de transición del poder de decisión hacia las masas haciendo uso del plebiscito, del referéndum y de otros instrumentos o instituciones pertinentes, como las empresas cooperativas (organizaciones productivas en las que el trabajador participa de la propiedad y las decisiones de la empresa) en el ámbito productivo y laboral. En términos generales tenemos solo dos opciones, o mandan algunos o mandamos todos, y lo primero ya falló hasta el punto del desastre, mientras que la Grecia clásica vivió un esplendor descomunal por el simple ejercicio de la participación. Y sí, Atenas era una sociedad pequeña, pero el ejercicio de decidir colectivamente es un mero proceso de comunicación, y argumentar límites técnicos para ejercitar a gran escala un sistema similar en plena era digital es un absurdo, aunque ciertamente requerirá construir herramientas nuevas. Debemos reconocer a tiempo que, si la política —a diferencia de casi todo lo demás— no se ha digitalizado aún, es porque a los intermediarios (gobernantes y élites económicas) no les conviene. Por eso, en la descentralización del poder está la clave, y no me refiero solo a criptomonedas o a los distintos usos que podemos hacer de la tecnología *blockchain*; me refiero a la politización masiva de la gente —que es el tipo de educación más urgente en este momento— a partir del ejercicio cotidiano de decidir y afrontar consecuencias de las decisiones que tomamos en el ámbito público; eso es ser un ciudadano adulto.

Actualmente solo unos cuantos deciden por la inmensa mayoría, y el defecto de este sistema es que esa minoría gobernante —situada en la cúspide de la pirámide socioeconómica— no sufre las consecuencias de las decisiones que toma en nombre de toda la población mundial; por el contrario, generalmente se beneficia en perjuicio de las mayorías, y eso es precisamente lo que dejó de ser viable.

Ahora, los jóvenes debemos cambiar de estrategia para descontinuar este sistema —considerando que intentar destruirlo solo ayuda a perpetuarlo— construyendo algo nuevo. La lucha ahora es por hacer a los administradores del sistema tan obsoletos como las películas en formato VHS o la música en CD, y eso implica construir de manera autónoma y colectiva modelos de organización paralela que sean más eficientes que el modelo que justifica la existencia del poder monopolizado y los representantes tradicionales. Por eso, más allá de combatirlos frontalmente, debemos generar las condiciones para que estos intermediarios entre el poder y el ciudadano se extingan por su propia naturaleza, la cual es ineficiente e injusta, y en este punto civilizatorio es incluso suicida.

Los usuarios deben gobernar el sistema, lo cual sería sin duda toda una revolución, pero tal proeza civilizatoria requiere un cambio cultural que ponga en el centro el paradigma de la autodeterminación colectiva. Esto implica que, en el siglo XXI, el revolucionario ya no será quien tome el poder para repartirlo, sino quien reparta el poder sin tomarlo; de modo que hoy la lucha no es por gobernar a la gente, es por que la gente se gobierne a sí misma. Y a esta altura del partido creo que opinar lo contrario es muy incivilizado.

Es vital también advertir en este proceso político que la lucha por el ciberespacio y por el campo de la comunicación es clave, pues, siendo el internet la primera herramienta que permite a la humanidad conversar consigo misma, el objetivo de articular masivamente a los ciudadanos debe hacer uso de esta inédita oportunidad. Desafortunadamente, la *era de la conectividad* prometía libertad y acceso enlazando a unos con otros en todo el mundo, pero sucedió algo muy distinto. En realidad, la *conectividad* nos encadenó a unos cuantos monopolios digitales en los que el usuario es la mercancía, ya que ni Google ni Facebook son servicios gratuitos; el valor de mercado de estas poderosas empresas se establece en función de su capacidad para extraer información privada (*data* y *metadata*) del usuario y en su capacidad para influir en las decisiones de este a través del estudio furtivo y permanente de patrones de conducta individuales para la dosificación masiva de información personalizada, y esto crecerá exponencialmente con la llegada de la inteligencia artificial —o las llamadas AI *powered propaganda machines* ('máquinas de propaganda operadas por inteligencia artificial')—. Esa es la humanidad que, para perpetuarse en el poder, los administradores del sistema intentan construir a costa de lo que sea; incluso a costa del colapso civilizatorio, ya que los intereses de esa minoría son incompatibles con la subsistencia de la humanidad y de la mayor parte de la vida en la Tierra.

En la guerra por el ciberespacio —que los jóvenes debemos emprender con mucha mayor determinación que la demostrada hasta ahora—, es útil reconocer que la batalla por la privacidad se perdió, en términos de que dentro de un sistema capitalista nunca vamos a lograr que empresas como Google y Facebook respeten al usuario. Sin embargo, eso no da por terminada la guerra por el ciberespacio; en realidad, solo exige un cambio de estrategia. Tal cambio implicaría que, si no logramos controlar esos monopolios digitales, lo que sigue es dejar de depender de ellos para que no puedan controlarnos, y eso plantea una lucha con objetivos y tácticas muy distintos, pues implica construir colectivamente plataformas alternativas y descentralizadas que articulen a los usuarios alrededor de sus intereses comunes.

Para dejar atrás la trampa de la *conectividad*, debemos encaminarnos a una era de *articulatividad* en la cual un pueblo, una ciudad, un país entero, una empresa o cualquier grupo pueda comenzar a informarse, decidir y actuar colectivamente de manera autónoma y sin intermediarios a través de plataformas descentralizadas. Porque no es lo mismo estar juntos —como impone la *conectividad*— que estar unidos —como propone la *articulatividad*—, y, de la misma forma, es muy distinto estar todos encadenados a unos cuantos monopolios digitales que estar articulados entre nosotros con plataformas descentralizadas que configuren *sujetos* (usuarios) *colectivos digitales* altamente eficientes.

La *comunicación articulativa*, que puede entenderse como la instrumentación tecnológica de la democracia directa, generaría un insumo democrático indispensable y hasta hora ausente: la opinión pública en tiempo real. Desde siempre, la representatividad —que es el origen de la crisis democrática actual— no parece poner atención en su función primaria y elemental: representar la voluntad ciudadana. Y no lo hace porque nadie se ha encargado de que la opinión pública —fehaciente y abierta— esté disponible a la consulta de los ciudadanos y de sus representantes. Siendo esto así, ¿cómo pueden los representantes atender la voluntad de sus representados?, ¿cómo determinan las políticas públicas si no cuentan con el monitoreo permanente de la voluntad del grupo que representan?, ¿cómo se mide el déficit democrático (coincidencia entre la opinión pública y las políticas públicas) en una sociedad? La opinión pública es un fantasma, y argumentar que vivimos en democracia con esa ausencia elemental es un absurdo que, aparte de impedir el ejercicio democrático de cualquier sociedad, deja un vacío en el cual la opinión publicada (opiniones difundidas por los medios de información privados) suple el espacio que corresponde a la opinión pública y a la voluntad popular. Si mayoritariamente la gente se politiza (educa políticamente) a través de los medios de información es porque no puede hacerlo participando de manera directa.

Por eso, viabilizar el acceso a la opinión pública en tiempo real es una tarea impostergable, y de la misma forma resulta urgente la toma colectiva de los medios de comunicación mediante el desarrollo de plataformas digitales autónomas que permitan a los ciudadanos informarse, decidir y actuar colectivamente. Esto permitiría dar inicio a la *inteligencia colectiva* como una rama de estudio y desarrollo tecnológico con fines específicamente democráticos, y la diferencia entre la inteligencia colectiva y la inteligencia artificial es que la primera se construye orgánicamente a partir de ciudadanos, mientras que la otra lo hace a partir de máquinas controladas por sus dueños. Por eso, más que intentar controlar la opinión publicada —algo tan complejo como intentar controlar a Google o Facebook—, hay que *ponerle dientes* a la opinión pública haciéndola presente para que ejerza su fuerza; mientras no podamos consultar la opinión pública, es prácticamente como si esta no existiera. El poder está en decidir, y la posibilidad de construir una civilización biocentrista y tecnológica capaz de sobrevivir el siglo XXI depende de la capacidad que tengamos de trasladar poder de decisión a las masas en el futuro inmediato, desmontando así el mito de que los ciudadanos son apáticos e incapaces de participar.

Los jóvenes debemos descontinuar el modelo civilizatorio que hemos heredado y lograr en tiempo récord asentar las bases de una convivencia global que permita restaurar los equilibrios vitales sin limitar nuestro desarrollo social y tecnológico. Y aunque es cierto que la concentración de poder en pocas manos y la estructuración jerárquica de las sociedades no es ninguna novedad (aunque tampoco una constante) histórica, durante el Antropoceno nuestra civilización se ha transformado progresivamente en una fuerza geológica capaz de interrumpir a escala global los ciclos ecosistémicos que permiten la subsistencia de todas las especies que conocemos, y esto último lo cambió todo.

Poderosa, impulsiva, en plena crisis de identidad y con un terrible déficit de autocontrol, nuestra civilización está dando un inmenso salto cualitativo en las manos de adolescentes, y eso está provocando la autodestrucción de nuestro hogar y la extinción masiva de especies a lo largo y ancho del planeta. No es casualidad que las instituciones que nos trajeron hasta aquí atraviesen una profunda crisis de credibilidad en todo el mundo, mientras la polarización política se incrementa en las calles, reflejando así el estado de incertidumbre y confusión que atraviesa cualquier adolescente al tratar de definir su lugar en el mundo. Y todo esto se ve potenciado por las nuevas formas de comunicación, convivencia y pertenencia, que al digitalizarse modifican el flujo de la información y el entramado social. Ante todos estos cambios, estamos frente a un proceso de adaptación que requiere tiempo que no tenemos; sin embargo, no hay lucha más importante que esta, y debemos tomar las riendas de este problema de inmediato.

Debe quedar claro que no vivimos en una democracia. Bajo esta farsa los líderes políticos de hoy y la doctrina económica imperante aún se revisten discursivamente de ese concepto, pero la democracia está muerta y con su cadáver se disfraza la plutocracia, que es el inviable gobierno de los más ricos y la raíz del problema de la humanidad. La humanidad puede ser sostenible en este planeta; lo que es inviable es la dominación globalizada, y por eso la solución es que los usuarios gobiernen el sistema.

b. *Millennials* y *centennials*: hay un futuro ahí afuera

NOAM. Creo que es importante advertir que hay algunos signos positivos: Corbyn en Inglaterra, Sanders en los Estados Unidos… Creo que estas son fuentes de una gran esperanza.

PEPE. ¡Sí!

NOAM. Sanders es el desarrollo más espectacular en la historia política reciente de los Estados Unidos, y ahora es la figura política más popular. Y Corbyn es similar, una persona muy decente que también, sin ningún apoyo económico, siendo duramente atacado por los medios de comunicación de casi todo el espectro —incluidos medios de izquierda moderada como *The Guardian* y otros—, odiado por los parlamentarios y dirigentes de su partido [el Partido Laborista], se esperaba que perdiera catastróficamente en las elecciones internas, pero su elección en realidad aumentó el voto por los laboristas como no se había visto desde 1945. ¡Eso es todo un logro! No ganó las elecciones, pero estuvo muy cerca, y creo que todos estos son indicios de desarrollos significativos serios. Ambos, Sanders y Corbyn, demostraron que sí existe un electorado real para los programas de izquierda. Vamos, Sanders incluso usó la palabra *socialismo,* que es un término inmencionable en los Estados Unidos.

PEPE. ¡Cierto!, es un pecado político decir eso allá en los Estados Unidos.

NOAM. Sí, un pecado, ¡pero no importó! Sanders de hecho recibió un enorme apoyo de los más jóvenes. **Entre el electorado joven, estos proyectos de izquierda son muy populares,** y él está muy por encima de cualquier otro político, lo cual es un signo muy positivo. Incluso en Europa continental hay algunas novedades importantes, como el movimiento que está organizando Yanis Varoufakis, el DIEM25, que está creciendo y desarrollándose. Es similar al fenómeno de Sanders y Corbyn: un suceso popular de izquierda democrática serio, que creo que tiene mucho potencial.

PEPE. Sin duda.

LUCÍA. Podemos, en España.

NOAM. Podemos, sí. La alcaldesa de Barcelona es una persona muy progresista. Los conocimos [Noam y Valeria] a ella y a sus asesores, y son bastante sorprendentes.

PEPE. La alcaldesa de Madrid y de Barcelona sí, son muy interesantes.

NOAM. ¡Sí!, son gente muy interesante. Otros signos positivos son, por ejemplo, el desarrollo tecnológico y el costo de las energías renovables, que sigue bajando muy rápidamente. Incluso en las zonas más reaccionarias de Estados Unidos hay una tendencia a usar energía eólica y solar porque cada vez es más barata, de modo que, a pesar de todos los intereses en contra, existe una posibilidad real de cambiar las cosas. Pero no está claro aún cuál de las dos tendencias prevalecerá, si la de la destrucción o la que ofrece una salida.

PEPE. Estoy de acuerdo. Hay reacciones positivas, pero el peligro es el egoísmo ciego del propio capitalismo, que es capaz de crear contradicciones insalvables. Va a depender de la lucha; no hay nada laudado, nada está determinado. **Todo va a depender de la capacidad que tengamos los humanos de enderezar el barco, sobre todo los jóvenes.**

NOAM. Hay acontecimientos sociales que están dando la batalla. Me refiero a que hay movimientos activistas populares que pueden tomar medidas para construir los elementos de una sociedad futura habitable, y pueden hacerlo incluso en la desfavorable situación política actual. Por ejemplo, los liderazgos políticos estadounidenses son extremadamente peligrosos, pero al mismo tiempo se están dando procesos bastante positivos. Por ejemplo, solo en el tema del clima, bajo la administración de Trump —y los republicanos son indignantes—, las comunidades —incluso las comunidades conservadoras, como la de San Diego, que tiene mayoría republicana— se están encaminando a un modelo completamente basado en las energías renovables. En partes de las antiguas áreas industriales, donde están las fábricas, el sistema industrial está prácticamente colapsado y ahora hay un crecimiento de empresas propiedad de los trabajadores, empresas cooperativas. Este es un desarrollo bastante prometedor y podría cambiar la naturaleza de la sociedad si se expande. Entonces, de abajo arriba surgen procesos alentadores, incluso bajo un liderazgo político muy dañino. Creo que eso está sucediendo en todo el mundo y los jóvenes están atentos. Creo que estas son señales de esperanza real.

Como mencioné, San Diego, que es una ciudad conservadora, ahora se está moviendo a depender cien por ciento de energía renovable. Massachusetts, un estado progresista, tiene programas y procesos para eliminar los combustibles fósiles dentro de veinte o treinta años. Texas, que es un estado muy reaccionario, ahora depende en gran medida de la energía eólica, simplemente porque es económicamente más ventajosa. Así, se observan muchos desarrollos, incluso opuestos al Gobierno nacional, que muestran potencial para superar las políticas destructivas de este. Lo vemos en muchos lugares y gran parte viene desde abajo. La gente está preocupada, entiende el problema y trata de crear un entorno habitable, pero también se ha beneficiado económicamente, por la sencilla razón de que la energía renovable se está volviendo más barata que los combustibles fósiles; además, emplea a muchas más personas, de modo que hay muchos trabajadores interesados en ello. En síntesis, hay tendencias muy positivas frente a políticas gubernamentales extremadamente reaccionarias.

Sin embargo, lo que de hecho está retrasando más la opinión pública en los Estados Unidos al respecto no es tanto la presión corporativa, sino la presión religiosa. La comunidad evangélica se opone a la energía renovable por una razón muy simple: espera la segunda venida de Cristo. Entonces, ¿por qué molestarse con la energía renovable? En realidad, el cuarenta por ciento de la población piensa que el cambio climático no puede ser un gran problema porque Cristo viene pronto, y eso no es manipulación pública desde arriba, sino un problema cultural que está muy arraigado en la sociedad. Estados Unidos ha sido una sociedad muy religiosa desde sus orígenes, por diversas razones históricas, y ese es ahora un componente importante de la parte del país que está políticamente organizada. Pero esa estructura no es monolítica; hay divisiones dentro de ella y esto puede crecer más. Podría darles decenas de ejemplos; siempre hay caminos que se pueden seguir. En cierta medida, limitada, se está haciendo, y se puede hacer mucho más extensamente, y esto puede llevar a un cambio sustancial en la sociedad sin ninguna necesidad de cuestionarse si hay que tomar el poder.

* * *

PEPE. Yo no tengo el aliento de ver con claridad cómo va a ser el futuro, pero hay algunas cosas que están claras. Hay un inconformismo creciente allí donde hay más riqueza y donde hay más cultura acumulada, que es en el piso de las universidades occidentales, y creo que es ahí donde está la posibilidad de la chispa de un mundo distinto. Podrá ser o podrá abortar, no sé, pero esa chispa no está en el seno de nuestras sociedades, desde las cuales se observa el aparador de la maravilla de la cultura occidental. Deslumbrados, todos quieren ir a Estados Unidos, todos los pobres quieren entrar a la Europa rica y todo lo demás. ¡Estamos adorando la porquería!, pero dentro de la porquería. Sanders no es casual, y lo mejor de Estados Unidos está abajo, en el piso de esas universidades, que no son Trump, son otra historia.

Y me parece que ese mundo cada vez va a tener mayor gravitación porque el propio desarrollo económico y tecnológico lo precisa cada vez más; el problema es que no lo pueda digerir a tiempo. ¿Mi única duda sabés en dónde está? En la pérdida de la fortaleza que sí tienen los pueblos primitivos [el Pueblo del Cóndor], la pérdida de esa dureza que cada día será más importante para garantizar la supervivencia de nuestra especie. ¿Me entendés?

SAÚL. ¿Cree que estas nuevas generaciones vienen con una debilidad inherente?

PEPE. Es una generación mucho más inteligente y mejor dotada, tiene muchos más medios intelectuales, pero es blanda porque el progreso tecnológico, naturalmente, le va creando eso. Va a haber que pasar por un mundo de muchas dificultades y de muchas desazones... Esa es mi duda, si tendrán la fortaleza que estos retos imponen. Pero vivir también es dudar, y el que duda es mi razonamiento; mis tripas no dudan, mis tripas son optimistas. Creo en el hombre, mi racionalidad es la que duda. Pero el hombre, los seres humanos, no somos solo racionalidad.

SAÚL. ¿Sentipensantes?

PEPE. ¡Sí, exacto! Empezamos por sentir, después pensamos y encontramos las razones de los sentires. Y debería ser al revés, lo que pasa es que mi generación tiene un abuelo racionalista, jacobino, que endiosó la razón y nosotros andamos siempre con eso; por eso solemos pensar siempre en términos programáticos y todo lo demás, pero... Mirá, ya pasaron cien años de la Revolución rusa, cincuenta de la muerte del Che Guevara, pero las nuevas generaciones no dejan de llamarme la atención. Lo que más me ha impactado es lo que he visto en las universidades de Japón, en Oxford, en las universidades mexicanas... En la base del mundo universitario hay una cosa latente, que quizás la podrá absorber el mercado o no, no lo sé, pero es ahí donde está el mundo relativamente contestatario, cuestionador, el que se plantea problemas. Además, por la necesidad de satisfacer la economía, este sector universitario tiende a crecer, porque el propio capitalismo necesita cada vez más gente calificada, lo que tiende a sustituir la idea que teníamos de la clase obrera, vistiendo un overol y todo eso. **El sujeto revolucionario cambió, ya no es la fábrica de los**

mil tipos como en el siglo xx; creo que ahora el eje está en las universidades. Por eso el trabajo político en el marco de la universidad me parece estratégico.

* * *

SAÚL. Profesor, ¿qué paradigmas cree usted que la izquierda, y sobre todo los jóvenes, debemos adoptar para desarrollar una sociedad tecnológica y políticamente avanzada capaz de superar los retos del siglo XXI?

NOAM. Creo que hay hilos significativos en la izquierda que dan la respuesta a eso, el tipo de ideas que surgieron de la izquierda libertaria, incluido el anarquismo marxista de izquierda. Siento que, en la teoría social y en nuestro entendimiento general de la sociedad, lo que alcanzamos a comprender es bastante superficial. Realmente no creo que haya paradigmas radicalmente nuevos que probablemente descubramos o que tengamos todavía por descubrir; creo que están ahí, suelen reaparecer en el andar de la historia humana.

A lo largo de la historia de la humanidad ha existido siempre una tendencia que a menudo es reprimida y a menudo vuelve a estallar. Esa tendencia busca crear arreglos institucionales en los que las personas controlen su propia vida tomando sus propias decisiones y no siguiendo la jerarquía o la autoridad. Esto se manifiesta en todas las dimensiones de la vida, sea en la estructura social o en los derechos de las mujeres, en todas partes, y **creo que el paradigma de la izquierda es precisamente eso: fomentar tendencias libertarias.** ¡Y no me refiero a libertarias en el sentido estadounidense [anarcocapitalismo]! Me refiero a auténticas tendencias libertarias de izquierda que desafían y superan la jerarquía y la autoridad, que ponen las decisiones sobre la vida en manos del pueblo, desde la propiedad y el control de una empresa por los trabajadores hasta la eliminación de las estructuras familiares patriarcales o casi cualquier otra estructura social que se te ocurra.

Creo que una tarea permanente de la izquierda es crear las condiciones en las cuales las personas puedan desarrollar sus propios impulsos internos, para construir así formas culturales que sean apropiadas para ellos mismos de muchas maneras diferentes. Me refiero a liberar a la gente eliminando las restricciones y barreras del sistema que le impiden desarrollarse. Y esos son viejos elementos de la izquierda: aparecen en la tradición anarquista en los tiempos modernos, en la izquierda marxista antibolchevique; aparecen por todas partes. Creo que solo tenemos que fomentar y desarrollar estas ideas, alentar a las personas a superar sus propias barreras psicológicas, liberarse de ideas como la que dice: «OK, estoy dispuesto a acatar las órdenes, siempre y cuando tenga suficientes *gadgets* [dispositivos electrónicos] en mi casa».

Tenemos que superar eso. Todo esto se entendió en el período más temprano de la Revolución industrial, ¡y se puede recuperar! Creo que esas son tareas de la izquierda en todos los aspectos de la vida y de la organización social: simplemente incrementar la libertad y su ejercicio, permitir que todas las personas se beneficien de la riqueza cultural del pasado y de otras civilizaciones, y que desarrollen sus propios recursos internos para crear la cultura del mañana, pero en libertad. ¡Y vaya que esa es una tarea para la izquierda!

PEPE. ¡Claro! Pero no se va a generar lo que no se practica, entonces, ¡hay que recuperar esa consciencia de izquierda!

NOAM. Una de las cosas que he aprendido de Valeria es a tomar mucho más en serio el mensaje básico de Paulo Freire, que dice que uno no le enseña a la gente, sino que aprende de ella, y creo que cualquier buen maestro coincidiría en esto. Al dirigirnos a los jóvenes, creo que deberíamos alentarlos a pensar por sí mismos y que nos digan qué piensan o quieren hacer, para trabajar juntos y descubrir qué es lo correcto para el mundo en que ellos van a vivir.

Uno de los aspectos más tristes de la vida moderna es lo que veo todas las noches cuando voy a casa, cuando miro el correo electrónico. Todos los días hay una docena de cartas de jóvenes que dicen: «Tengo veinte años y estoy tratando de averiguar qué hacer con mi vida. Dime qué hacer». Esa es una pregunta completamente equivocada; deberían decirme ellos qué creen que debemos estar haciendo y así estaríamos resolviéndolo juntos. **Creo que el mensaje para los jóvenes es ese: que piensen por sí mismos.**

A mi juicio, el objetivo principal es quitarse la venda de los ojos y mirar el mundo como realmente es. Si lo hacemos, vemos que hay desafíos inmensos. Los jóvenes de hoy se enfrentan a preguntas que nunca habían surgido en la historia de la especie humana; se enfrentan a la pregunta de si la especie puede sobrevivir de alguna forma decente, y es una pregunta muy real. El mensaje a los jóvenes es que hay que mirar eso con honestidad, con precisión, comprender bien los retos, descubrir todos los elementos involucrados y, entonces, pensar por sí mismos. Tienes que pensar por ti mismo cómo vas a afrontar estos desafíos. Primero, acepta la responsabilidad de que debes afrontarlos; no van a desaparecer solos, y tienen que ser afrontados en esta generación. Una vez entendido esto, trabaja con otros y elabora métodos para descubrir cómo lidiar con estos problemas colectivos.

Se puede hacer; hay muchas ideas, muchas propuestas, hay mucho que aprender, pero, efectivamente, nada es más importante que tomar la iniciativa y trabajar en ello.

SAÚL. Don Pepe, con toda esa experiencia que carga a cuestas, y sabiendo del gran amor que usted tiene por la humanidad, ¿qué les diría usted a todos los jóvenes del planeta?

PEPE. No creas, yo no tengo tanto amor por la humanidad [sonríe]; yo tengo amor por la vida, que es mucho más que la humanidad. La humanidad es solo parte del torrente de la vida. En eso soy casi animista. Pero por amor a la vida, con Nietzsche, pienso que el hombre puede tener una causa para vivir y que eso, el poder darle sentido a la vida, lo distingue un poco del resto de los animales. Porque estar vivo es un milagro, es el milagro más grande para cada uno de nosotros. Pero se puede vivir simplemente porque se nació, como un vegetal, o bien, luego de haber nacido puede uno darle un sentido a la vida. **Es ese el lujo que la consciencia nos da y que nos permite crear civilización: vivir con causa.** Y la causa es la práctica de la solidaridad con los otros y con la vida, porque esa es una forma de felicidad; de lo contrario, me parece que la vida es como una condena.

Y definida como una cosa hermosa, a la vida hay que cuidarla, hay que procrearla, y eso se llama luchar por la libertad. Vivir es ser libre, y ser libre es, como dice Noam, sacarse la venda de los ojos. ¡Porque sí hay una venda que sacarse de los ojos diariamente! ¡No se dejen, muchachos, no se dejen robar la libertad! ¡No le pueden entregar la libertad al mercado! La libertad debe servir a la vida, y no la vida a la libertad. Porque hay que ser dueño de la propia vida, y no permitir que te la manejen con una pantalla de televisión o un teléfono celular. Por eso la imagen de la venda en los ojos me parece hermosa.

* * *

PEPE. El problema es que hay jóvenes que ya son viejos, que están totalmente absorbidos por la dinámica consumista que ha impuesto la sociedad y viven vegetativamente; no cuestionan, solo transcurren. Pero hay, fundamentalmente en la base de las universidades, entre la gente más joven que tiene la oportunidad de empezar a educar su cabeza de alguna forma, un margen de inquietud intelectual, cuestionadora, crítica, que es una palanca prometedora y positiva en la medida en que esa juventud tenga la capacidad de no ser absorbida por la cultura que impone la sociedad de consumo. Allí es donde veo las reservas más importantes de una esperanza humana en el futuro.

Mi generación soñaba con un proletariado independiente, unos hombres fuertes de mameluco y gorra en fábricas gigantescas... Eso pasó. Lo que viene es lo que está entrando al mundo de las universidades de hoy. Pero la batalla es que la idea de cambiar el auto por uno más nuevo o el anhelo del viaje a Miami no los termine absorbiendo, y que puedan tener sentido de responsabilidad con la sociedad a la cual pertenecen. Pero hay que entender también que existe otra humanidad, una que no es ni joven ni vieja, que es la que más duele, la humanidad sobrante, los que no tienen lugar en el mundo, en ninguna parte, y que aparentemente nacieron para ser víctimas. Son esas multitudes de África, esas multitudes de Latinoamérica que quieren emigrar, los que se suben al tren en Centroamérica, todos esos, los desesperados del mundo que crecen. Bueno, no son ni jóvenes ni viejos, son víctimas. La batalla es por eso, por incorporarlos a la existencia humana.

Esto no es tarea sencilla, porque esta civilización de *marketing* te lleva de la nariz para transformarte en un consumista implacable. Tenés que poner a un costado del consumismo la imagen del hombre feliz, que, según la Biblia, no tenía camisa —tal vez vivía en un país tropical y no pidió tanto [dice riendo]—, pero entendamos que la felicidad no está en la riqueza. **La felicidad, o la lográs con poco, o no la lográs con nada.** Y creo que hay dos maneras de morir: resignándose o luchando. Los jóvenes son los que nos van a suceder, y su aporte fundamental en este mundo y en este momento de la historia es salvar la naturaleza y obligar a los gobiernos a que enmienden este desastre; de lo contrario, solo contribuimos con nuestra resignación a asfaltar el camino del holocausto de la civilización humana, y hoy ni siquiera estamos en condiciones de medir hasta dónde pueden llegar las consecuencias de lo que estamos desatando. **Si la humanidad no se pone a aplacar la guerra y a luchar por revertir el cambio climático, estamos perdidos. Porque esto no lo van a hacer los gobiernos salvo que los jóvenes cubran las calles y los obliguen.**

NOAM. Eso que dices es efectivamente cierto. Y deberíamos estar avergonzados del hecho de haber impuesto esta carga a los jóvenes. Cuando Greta Thunberg se para en Davos, en las reuniones de los ricos y poderosos, y simplemente dice «nos han traicionado», tiene razón. **Nuestras generaciones los traicionaron a ustedes; les hemos impuesto a los jóvenes del mundo la tarea de rescatar la civilización de nuestro fracaso.** Nosotros lo destruimos y es su tarea tratar de rescatar algo de este caos que les dejamos. Es feo, pero es cierto. Y los jóvenes están reaccionando; lo vimos dramáticamente en Glasgow, en la última reunión internacional para combatir el cambio climático, pues ahí sucedieron simultáneamente dos eventos paralelos muy distintos: mientras dentro de los glamurosos recintos llenos de gente elegante se hablaba sobre cómo evitar hacer algo, afuera, en las calles, decenas de miles de jóvenes protestaban demandando que hicieran lo que debe hacerse para salvarnos del desastre. La pregunta es: ¿cuál de estas dos fuerzas será la que prevalezca? Deberíamos estar haciendo lo que ellos dicen. No podemos abandonar la lucha; debemos hacer todo lo que podamos para ayudar a las generaciones jóvenes a superar los crímenes que nuestras generaciones cometieron.

PEPE. Sin duda. Creo que la peor lucha es la que no se da. La vida me enseñó que ningún cordero se salvó vagando solo, y que, como tal, la defensa de la vida nos obliga a unirnos y a impulsar a esos jóvenes que en el mundo se mueven intentando salvar la vida arriba del planeta, porque en el fondo esa es la verdadera causa.

NOAM. Tenemos que detener esta locura y escuchar a los indígenas del mundo sobre cómo vivir en armonía con la naturaleza, y tenemos que escuchar a los jóvenes que exigen que escapemos de esta carrera suicida.

PEPE. Lo único que tengo claro es que el mundo que va a venir es impredecible, pero para que el mundo siga existiendo las generaciones jóvenes tendrán que obligar a los gobiernos a que pongan las barbas en remojo y cambien de actitud. Sé que es muy difícil, muy difícil, pero nada cambiará si la gente no lucha. La historia humana nos enseña que todo lo que se pudo lograr en materia de derechos y de conquistas a favor de la vida humana fue porque hubo gente que tuvo la capacidad de entregar buena parte de su existencia a la lucha por estas cosas. Nada cayó por regalo de los dioses; hay que tenerlo claro. Es muy difícil cambiar el rumbo, pero si no obligamos a los gobiernos a hacerlo, gran parte de nuestra humanidad futura está condenada, y no podemos comportarnos como criminales con el porvenir; por eso tenemos que hablar las cosas con sencillez y claramente.

No hay otro camino que el de ganar las calles y luchar por estas cosas, y el mundo universitario y el mundo joven son los que tienen la palabra en este momento. No esperemos del mundo fosilizado que gobierna Europa, el mundo occidental y el mundo oriental; esperemos en todo caso un rayito de esperanza de las nuevas generaciones, particularmente del mundo universitario, del mundo estudiantil y de los trabajadores jóvenes de nuestra tierra. ¡Con ellos y por ellos! No esperemos nada de las Naciones Unidas, no debemos esperar nada de los organismos internacionales; debemos actuar para que la gente obligue a sus propios gobiernos, y fundamentalmente impulsar a los pueblos militantes y activistas de los países centrales, que tienen la responsabilidad histórica de lo que está pasando. Eso se llama Europa, eso se llama Estados Unidos, eso se llama Rusia, China, eso se llama el mundo desarrollado.

NOAM. Creo que resumes nuestra condición actual con gran elocuencia. Coincido y en realidad no tengo mucho más que agregar a esas sabias palabras, Pepe.

SAÚL. Don Pepe, usted se jugó la vida muchas veces por cambiar el mundo y pagó ese atrevimiento con cárcel, con balas, con mucho sufrimiento. Por último, dígame, dígales a todos los jóvenes del mundo de dónde sale esa fuerza.

PEPE. Mirá, si andás por un monte, dormís de noche y madrugás, te va a sorprender que en la madrugada, a media luz, casi todos los pájaros cantan y hablan... Y te da la impresión de que agradecen que pasó la noche, vino el día y están vivos. No tiene sentido la tristeza eterna, la sumisión eterna; todos los días amanece y hay que empezar de nuevo. El valor de la vida no está en triunfar; no hay ningún triunfo, porque al final nos espera siempre la muerte. **El verdadero triunfo es volverse a levantar cada vez que uno cae** y volver a empezar, en el sentido más prolífico que se pueda pensar. Volver a empezar es volverse a enamorar cuando uno es joven y ha fracasado, es reponerse de una enfermedad y arrancar de nuevo, es perder un trabajo y conseguir otro, es que te traicione un amigo y seguir cultivando amigos, es tener capacidad de vencer a la desesperanza y no que la desesperanza te venza a ti.

Hasta siempre.

AGRADECIMIENTOS

Noam Chomsky, Pepe Mujica, Valeria Wasserman, Lucía Topolansky, Roger Waters, María Ayub, Antonio Zorrilla, Zeus, John Shipton, Gabriel Shipton, Yanis Varoufakis, Rafael Correa, Jeremy Corbyn, Laura Álvarez, Chelsea Manning, Harry Halpin, René Ramírez, Angelina Bemz, Stacy Perskie, Kintto Lucas, Gabriela Alvídrez, Julián Ubiría, Alejandra Almeida, Alba Benítez, Angelina Peralta, Alberto Filizola, Diego Lacort, Julio Morales, Joel Martínez, Iris Morales, Álvaro Padrón, Agustín Canzani, Remi Vespa, Yibrán Asuad, Pablo Inda, Luis Javier Pineda, Guillermo Narro, Ovier González, Héctor Díaz, María Secco, Comunidad Kickstarter, Richard Stallman, César Valdez, David Arias, Jorge Gómez, Maximiliano Donoso, Darwin Velasco.

Con mucha admiración y agradecimiento,
este libro está dedicado a Julian Assange.